IDV-Lernprogramm
Moderne Programmablauf-Planung

IDV-Lernprogramm

Herausgegeben vom
Institut für elektronische Datenverarbeitung Zürich

1975
DE GRUYTER Berlin/New York · HAUPT Bern

Moderne Programmablauf-Planung

Ein PU-Lehrgang mit Ablaufplänen
Entscheidungstabellen
normierter Programmierung
und Lösungsbeispielen

1975
DE GRUYTER Berlin/New York · HAUPT Bern

Autorenteam: IDV AG für EDV-Ausbildung Zürich

Printed in Switzerland.
ISBN 3 11 003853 6 (de Gruyter)
ISBN 3-258-01234-2 (Haupt)

STECKBRIEF ZUM LERNPROGRAMM "MODERNE PROGRAMMABLAUF PLANUNG"

Zielgruppe	Zukünftige Programmierer, Juniorprogrammierer und alle jene Personen, welche sich die Grundlagen für das Verstehen und Anwenden von Programmablaufplänen erarbeiten möchten. Als Repetitorium und Wissenserweiterung auch für Programmierer/Analytiker geeignet.
Lernziel	Nach erfolgreichem Studium dieses Lernprogrammes ist der Leser in der Lage: a) Blockdiagramme zu lesen und die logischen Zusammenhänge zu verstehen. b) Den Sinn und das Wesen der normierten Programmstruktur zu verstehen und sich die Grundlagen für den Vergleich mit anderen Systemen normierter Logik anzueignen. c) Zu beurteilen, wie und wo Entscheidungstabellen (ET) sinnvoll eingesetzt werden können. Komplexe ET interpretieren, sowie mittelschwierige ET erstellen und prüfen.
Vorkenntnisse	Als Vorkenntnis werden die Grundlagenkenntnisse der Elektronischen Datenverarbeitung, wie sie in Band I und Band II der IDV-Lernprogramme "Elektronische Datenverarbeitung" geboten werden, vorausgesetzt.
Bearbeitungszeit	Ungefähr 30 bis 40 Stunden, dabei beachten Sie bitte unsere Hinweise in den Abschnitten "Lern-Tips" und "Lernmethode".
Erfolgskontrolle	nach jedem Lernabschnitt und nach jedem Kapitel. Zudem besteht die Möglichkeit, nach Durcharbeiten des ganzen Lernprogrammes, sich an unserer EDV-Fachschule zur Abschlussprüfung zu stellen.
Lernmethode	vergl. Abschnitt über IDV-Lernmethode
Anschlussprogramme	COBOL, FORTRAN und weitere Programmiersprachen, Problemanalyse, Umstellung auf EDV.

Wir wünschen Ihnen viel Erfolg beim intensiven Studium und freuen uns, wenn wir auch in Form weiterer Lernprogramme Ihr Begleiter sein dürfen.

IDV AG für EDV-Ausbildung

Lern - Tips

Wenn Sie diesen Kurs durcharbeiten, so denken Sie daran, dass Sie Ihre Lernumgebung so gestalten, dass der Erfolg auch von dieser Seite gefördert wird. Beachten Sie ferner folgende Punkte:

1. Stundenplan

   Bevor Sie mit dem Studium des Kurses beginnen, legen Sie sich einen Stundenplan bereit. Halten Sie sich während des Studiums streng daran. Uebrigens: Wissen Sie, dass es Stunden gibt, an denen man leistungsfähiger ist als an anderen? Gestalten Sie den Stundenplan danach.

2. Inhaltsverzeichnis

   Damit Sie während des Studiums die Uebersicht über den Stoff nicht verlieren, blättern Sie regelmässig (z.B. nach Absolvieren eines Lernabschnittes) zum Inhaltsverzeichnis zurück. Prüfen Sie am Ende eines Kapitels anhand des Inhaltsverzeichnisses, ob Sie sagen können, was unter den einzelnen Titeln behandelt wurde.

3. Aufgaben und Fragen

   Die Aufgaben und Fragen wurden in den Kurs eingebaut, damit Sie sich Rechenschaft über den Lernerfolg geben. Verfallen Sie nicht der Selbsttäuschung, indem Sie zuerst die richtigen Antworten konsultieren und dann schauen, ob Sie auf dasselbe Resultat kommen. Den Lernerfolg können wir Ihnen nur in Aussicht stellen, wenn Sie die Fragen unabhängig von den Lösungen beantworten.

4. Lernen

   Dieses Lernprogramm ist relativ umfangreich. Das soll Sie aber nicht schrecken, denn Sie haben wenig auswendig zu lernen. Sie müssen vielmehr versuchen, den vorgelegten Gedankengängen zu folgen und diese zu verstehen.

   Lassen Sie sich nicht entmutigen, wenn Sie etwas nicht auf Anhieb verstehen. Halten Sie sich nicht endlos bei Einzelheiten auf, sondern streichen Sie die nicht verstandene Stelle an. Kehren Sie erst am Ende des Kapitels zu dieser Seite zurück. In den meisten Fällen hat sich der "Knopf" in der Zwischenzeit von selbst gelöst, wenn nicht, lesen Sie den früheren Stoff, der sich auf diese Stelle bezieht, nochmals durch.

   Streichen Sie jene Dinge an, die Ihnen wichtig erscheinen und schreiben Sie momentane Erkenntnisse an den Rand oder an die hierfür vorgesehene Stelle auf jeder Seite. Sie werden sehr viel profitieren!

Falls dies das erste Lernprogramm des IDV (Institut für Elektronische Datenverarbeitung) ist, das Sie in die Hand nehmen, so machen Sie sich bitte zuerst mit der auf der folgenden Seite gezeigten Lernmethode vertraut.

Wir wünschen Ihnen viel Erfolg.

Die Veranschaulichungen helfen dem Lernenden die Zusammenhänge schneller zu entdecken. Sie tragen auch zur Einprägung der neuen Kenntnisse weitgehend bei. Die Verbindung der Diagramme, Bilder und Uebersichten zum Text wird durch eingekreiste Bezugsnummern hergestellt.

Ein Lernkonzentrat ist für das dauerhafte Behalten des Lernstoffes vorgesehen. Die neu eingeführten Begriffe sind kurz und prägnant dargestellt und besonders hervorgehoben. Dies erleichtert besonders die schnelle Repetition oder den Ueberblick über einen Lernabschnitt.

Die Hauptinformation ist möglichst einfach verfasst, wobei die erforderliche Präzision nicht gefährdet wird.

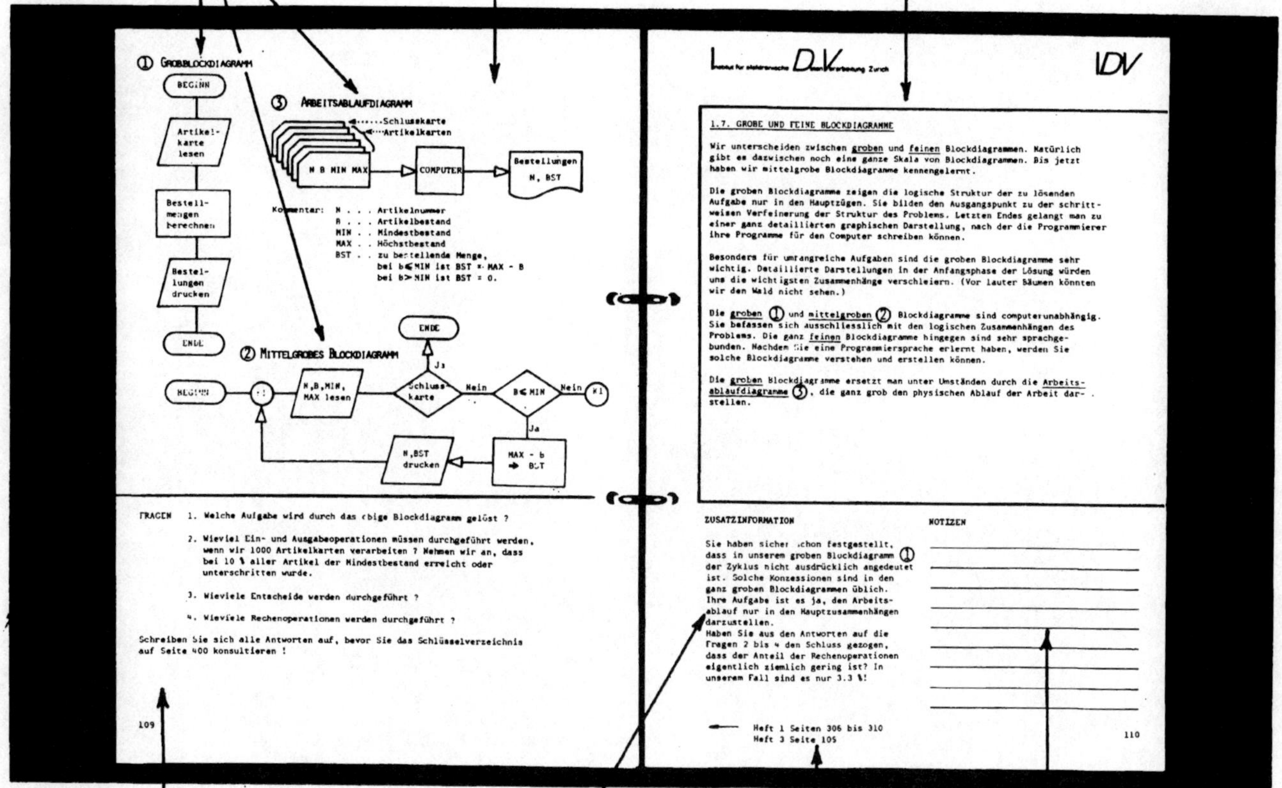

① GROBBLOCKDIAGRAMM

BEGINN – Artikelkarte lesen – Bestellmengen berechnen – Bestellungen drucken – ENDE

③ ARBEITSABLAUFDIAGRAMM

Schlusskarte
Artikelkarten
N B MIN MAX – COMPUTER – Bestellungen N, BST

Kommentar:
N . . . Artikelnummer
B . . . Artikelbestand
MIN . . Mindestbestand
MAX . . Höchstbestand
BST . . zu bestellende Menge,
bei b≤MIN ist BST = MAX - B
bei b>MIN ist BST = 0.

② MITTELGROBES BLOCKDIAGRAMM

BEGINN – N,B,MIN, MAX lesen – Schlusskarte (Ja: ENDE; Nein) – B≤MIN (Nein: K1; Ja) – MAX - b → BST – N,BST drucken

FRAGEN 1. Welche Aufgabe wird durch das obige Blockdiagramm gelöst ?

2. Wieviel Ein- und Ausgabeoperationen müssen durchgeführt werden, wenn wir 1000 Artikelkarten verarbeiten ? Nehmen wir an, dass bei 10 % aller Artikel der Mindestbestand erreicht oder unterschritten wurde.

3. Wieviele Entscheide werden durchgeführt ?

4. Wieviele Rechenoperationen werden durchgeführt ?

Schreiben Sie sich alle Antworten auf, bevor Sie das Schlüsselverzeichnis auf Seite 400 konsultieren !

109

Institut für elektronische Datenverarbeitung Zurich IDV

1.7. GROBE UND FEINE BLOCKDIAGRAMME

Wir unterscheiden zwischen groben und feinen Blockdiagrammen. Natürlich gibt es dazwischen noch eine ganze Skala von Blockdiagrammen. Bis jetzt haben wir mittelgrobe Blockdiagramme kennengelernt.

Die groben Blockdiagramme zeigen die logische Struktur der zu lösenden Aufgabe nur in den Hauptzügen. Sie bilden den Ausgangspunkt zu der schrittweisen Verfeinerung der Struktur des Problems. Letzten Endes gelangt man zu einer ganz detaillierten graphischen Darstellung, nach der die Programmierer ihre Programme für den Computer schreiben können.

Besonders für umfangreiche Aufgaben sind die groben Blockdiagramme sehr wichtig. Detaillierte Darstellungen in der Anfangsphase der Lösung würden uns die wichtigsten Zusammenhänge verschleiern. (Vor lauter Bäumen könnten wir den Wald nicht sehen.)

Die groben ① und mittelgroben ② Blockdiagramme sind computerunabhängig. Sie befassen sich ausschliesslich mit den logischen Zusammenhängen des Problems. Die ganz feinen Blockdiagramme hingegen sind sehr sprachgebunden. Nachdem Sie eine Programmiersprache erlernt haben, werden Sie solche Blockdiagramme verstehen und erstellen können.

Die groben Blockdiagramme ersetzt man unter Umständen durch die Arbeitsablaufdiagramme ③, die ganz grob den physischen Ablauf der Arbeit darstellen.

ZUSATZINFORMATION

Sie haben sicher schon festgestellt, dass in unserem groben Blockdiagramm ① der Zyklus nicht ausdrücklich angedeutet ist. Solche Konzessionen sind in den ganz groben Blockdiagrammen üblich. Ihre Aufgabe ist es ja, den Arbeitsablauf nur in den Hauptzusammenhängen darzustellen.
Haben Sie aus den Antworten auf die Fragen 2 bis 4 den Schluss gezogen, dass der Anteil der Rechenoperationen eigentlich ziemlich gering ist? In unserem Fall sind es nur 3.3 %!

← Heft 1 Seiten 306 bis 310
Heft 3 Seite 105

NOTIZEN

110

Die Bestätigung des Lernfortschritts erfolgt nach jedem Lernabschnitt durch genau gezielte Fragen oder Aufgaben. Die Art der Frage- und Aufgabenstellung richtet sich nach der Art des Lernstoffes im betreffenden Lernabschnitt. Die Lösungen sind in einem separaten Schlüsselverzeichnis am Ende eines Heftes zu finden.

Im Abschnitt Zusatzinformationen werden je nach Stoffgebiet weitere Zusammenhänge aufgezeigt oder Hilfen bei evtl. aufgetretenen Lernschwierigkeiten geboten.

Für eigene Notizen des Lernenden steht Platz zur Verfügung. Hier können eigene Gedanken, Anregungen etc. sinnvoll angebracht werden.

INHALTSVERZEICHNIS

1. GRUNDLAGEN DER BLOCKDIAGRAMMTECHNIK

SINNBILDER (SYMBOLE) FÜR PROGRAMMABLAUFPLÄNE (DIN 66001)

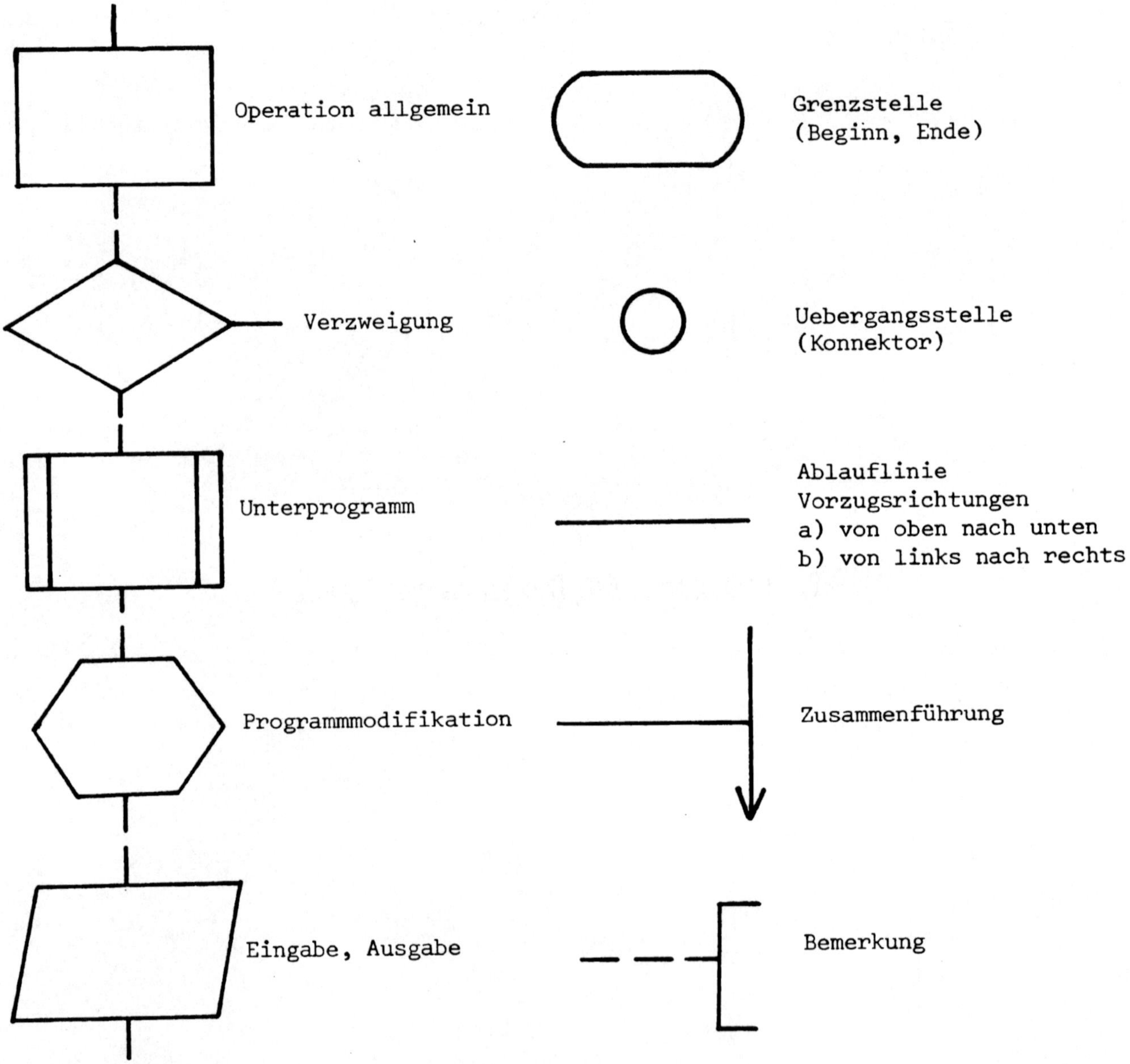

1.1. SYMBOLE

Die in diesem Heft verwendeten Symbole sind genormt. Diese Norm nennen wir DIN 66001. Halten Sie sich in der Folge an diese Symbole. Sie helfen dadurch mit zu einer besseren Verständigung unter EDV-Fachleuten. Das Blockdiagramm dient nicht nur seinen Autoren, sondern allen Mitarbeitern, die sich am selben EDV-Problem beteiligen.

Die Ablauflinie ist nicht immer mit einem Pfeil zu versehen.
Die genormte Richtung des Verarbeitungsablaufes ist von oben nach unten oder von links nach rechts. Ziehen wir eine Verbindungslinie in der Gegenrichtung, müssen wir dies durch einen Pfeil angeben.

Zeichnen Sie die Blockdiagramme stets mit einer Schablone - auch den 1. Entwurf! Dies spart viel Mühe bei der Weiterarbeit.

NOTIZEN

BLOCKDIAGRAMM

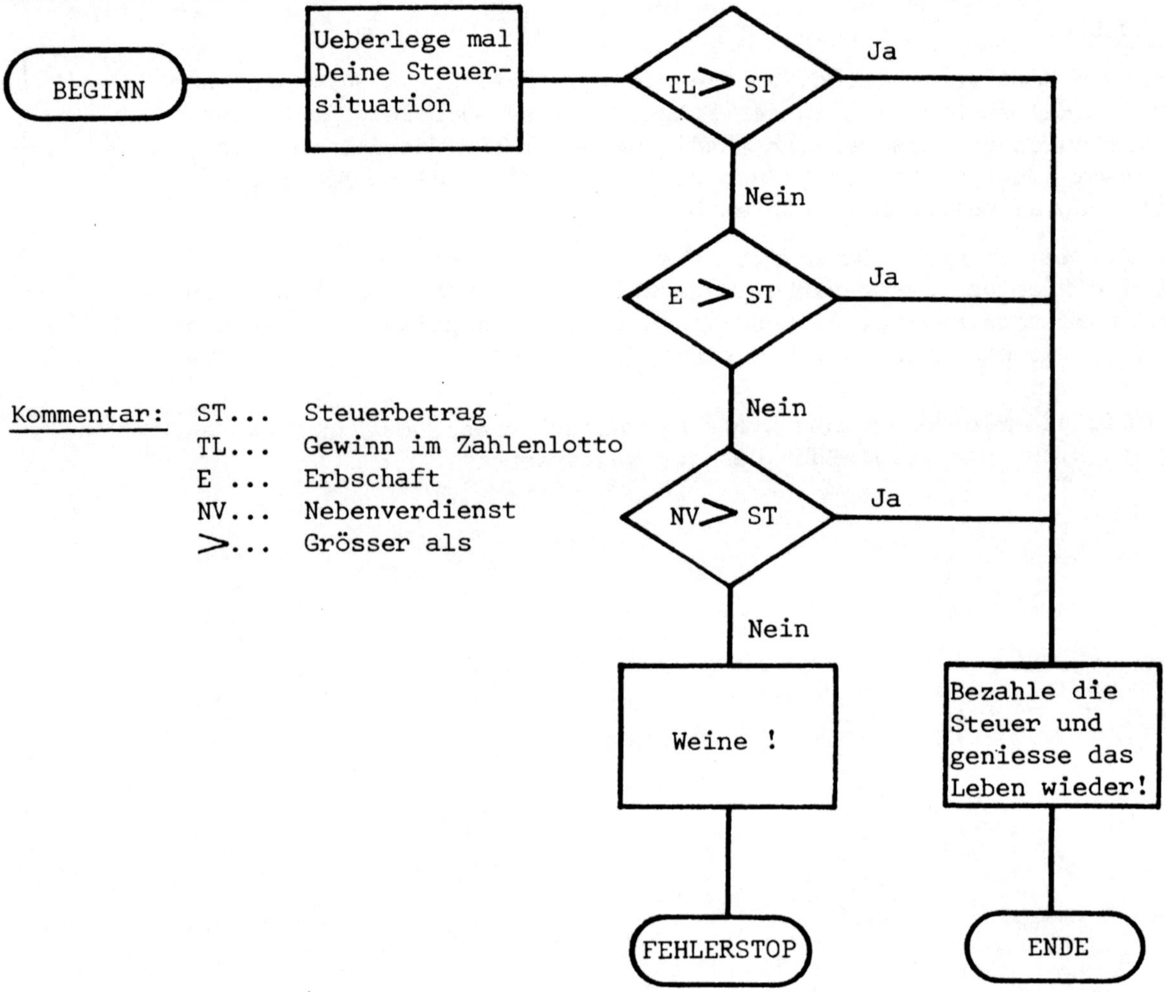

FRAGE	ANTWORT	IHRE LOESUNG
1. Wieviele verschiedene Wege gibt es im obigen Blockdiagramm vom BEGINN bis zum ENDE, bzw. FEHLER-STOP?	A. 2 B. 4 C. 5	○
2. Ist ein Kommentar zu einem Blockdiagramm notwendig?	A. Immer B. Meistens C. Manchmal	○
3. Finden Sie unser Blockdiagramm eindeutig?	A. Ja B. Nein	○

1.2. EINLEITUNGSBEISPIEL

Jeden Tag muss jeder von uns viele Entscheide treffen, wie z.B.:
Soll ich das Produkt A oder B einkaufen?
Muss man den Vorschlag noch mit Herrn Schmid besprechen?
Wieviel Flaschen Wein soll ich für die heutige Abendparty kaufen?

Bei jedem Entscheid wählen wir aus mehreren Möglichkeiten immer diejenige aus, die uns am vernünftigsten erscheint. Was hilft uns bei diesen Entscheiden? Es sind unsere Kenntnisse, Erfahrungen, logischen Ueberlegungen, Schätzungen der Folgen der möglichen Entscheide, aber auch unsere Gefühle, Einstellungen, Stimmungen. Wir sind einfach Menschen.

Die Maschine kann jedoch nicht denken. Der Computer hat keine Gefühle. Beim Entscheiden kann er lediglich Zahlen und Zeichen vergleichen, wie z.B.:

Ist der Wert von A grösser als Null?
Ist das eben eingelesene Zeichen ein Z?

Deswegen müssen wir für den Computer alle Entscheide ganz klar, konkret und eindeutig vorbereiten. So ist er in der Lage, immer nur mit Ja und Nein zu antworten.

Genau formulierte Fragen sind das Schwierigste und zugleich das Wichtigste beim Erstellen der Blockdiagramme. Durch Beantworten der gestellten Fragen wird der Weg durch das Blockdiagramm eindeutig bestimmt.

Betrachten wir das Blockdiagramm für folgendes Problem: Der Steuerzahler hat die Steuerrechnung bekommen. Während des Jahres hat er nichts beiseite gelegt. Nun muss er die jüngsten Ereignisse überprüfen.
"Habe ich eben etwas geerbt?"
"Habe ich einen Nebenverdienst?"
"Woher kann ich das Geld für die Steuer nehmen?"
"Was soll ich tun?"
Sehen wir uns die nebenstehende graphische Darstellung seiner Ueberlegungen an!

ZUSATZINFORMATION

Das Blockdiagramm muss immer übersichtlich sein. Deswegen benutzt man genau festgelegte Sinnbilder und stark reduzierte Texte, meist sogar nur Abkürzungen. Diese muss man im Kommentar erläutern. Ausserdem vermerkt man im Kommentar alles, was die Verständlichkeit des Blockdiagramms für den Leser erhöhen könnte. Man braucht also fast immer einen Kommentar.

NOTIZEN

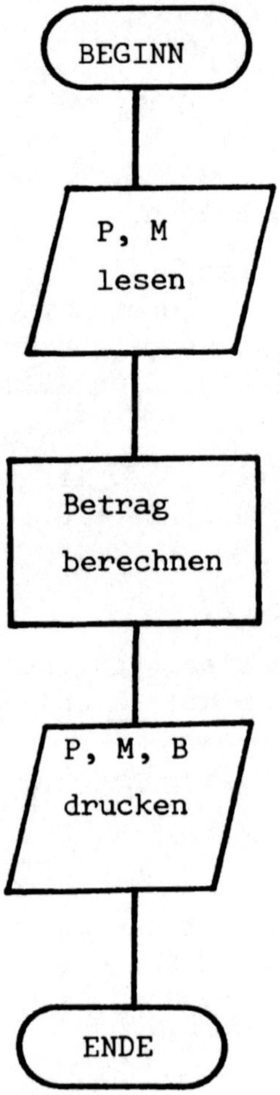

Eingabe

Verarbeitung

Ausgabe

Kommentar: P.... Einzelpreis

M.... Menge

B.... Betrag = Einzelpre
mal Menge

AUFGABE Zeichnen Sie das Blockdiagramm folgender Verarbeitung:

Im Eingabelochkartenstapel sind genau zwei Lochkarten mit folgenden gelochten Angaben: Artikelnummer, Einzelpreis und Menge. Es soll immer eine Karte eingelesen werden, der Betrag soll berechnet und die Artikelnummer, der Einzelpreis, die Menge und der Betrag sollen ausgedruckt werden.

Sind Sie fertig mit dem Blockdiagramm?

(Unsere Lösung finden Sie auf der übernächsten Seite.)

1.3. DEFINITION DES BLOCKDIAGRAMMS

Wir wissen schon, dass ein Blockdiagramm an jedem Punkt eindeutig den weiteren Weg angeben muss. In keinem Moment dürfen wir oder der Computer in Zweifel geraten, was jetzt zu tun ist, wie man weiterfahren soll.

Das Blockdiagramm ist die graphische Darstellung der Logik, (des logischen Aufbaus) der zu lösenden Aufgabe.

Zugleich sind die Blockdiagramme die gemeinsame Sprache der Organisatoren, Systemanalytiker und Programmierer. Mit Hilfe dieser Sprache können sich die EDV-Fachleute über den vorgesehenen logischen Ablauf der Arbeiten auf dem Computer verständigen. Das Blockdiagramm ist also eines unserer wichtigsten Werkzeuge.

Wir werden Schritt für Schritt die Regeln der Blockdiagrammtechnik kennenlernen. Dazu benützen wir vorwiegend den Weg über geeignete Beispiele.

Betrachten Sie bitte das Blockdiagramm auf der linken Seite. ①
Dieses Blockdiagramm beschreibt die Durchführung der folgenden Aufgabe: Der Einzelpreis und die Menge sollen (z.B. von einer Lochkarte) gelesen, der Betrag soll berechnet und der Einzelpreis, die Menge und der berechnete Betrag sollen (z.B. auf dem Drucker des Computers) ausgedruckt werden.

ZUSATZINFORMATION

Sind Ihnen die in unserer Aufgabe verwendeten Symbole (Sinnbilder) bereits geläufig? - Wenn nein, lesen Sie nochmals den Kommentar zu diesen Symbolen im Kap. 1.1.

NOTIZEN

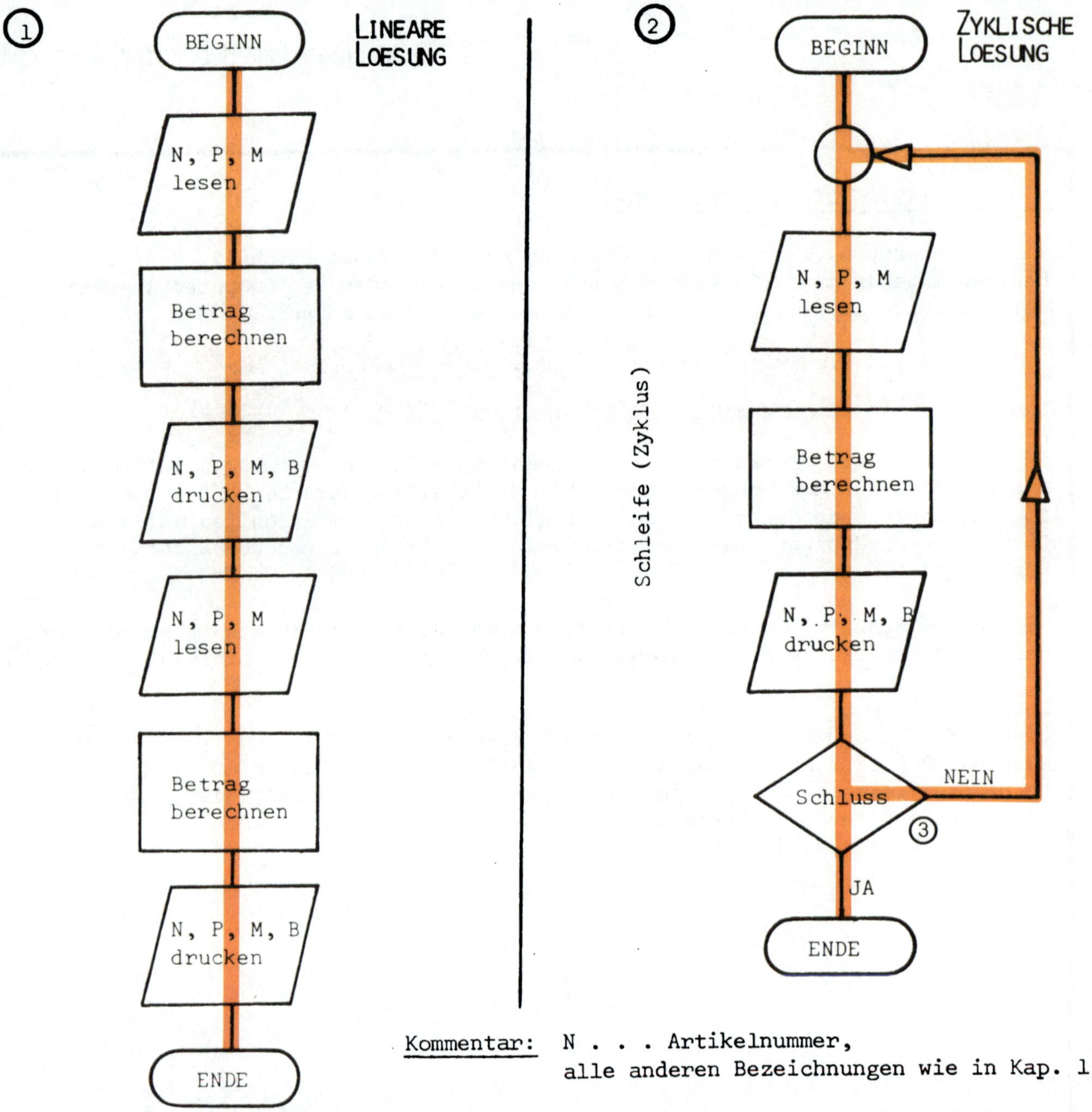

Kommentar: N . . . Artikelnummer,
alle anderen Bezeichnungen wie in Kap. 1.3.

FRAGE	ANTWORT	IHRE LOESUNG
1. Das Blockdiagramm ② ist?	A. Zyklisch B. Linear	○
2. Wieviele Blöcke (ohne BEGINN und ENDE) würde für die gleiche Lösung mit 10 Eingabelochkarten enthalten?		
a) Das <u>lineare</u> Blockdiagramm?	A. 10 B. 30 C. 4	○
b) Das <u>zyklische</u> Blockdiagramm?	A. 4 B. 20 C. 10	○

1.4. LINEARE UND ZYKLISCHE BLOCKIDAGRAMME

In ① sehen Sie unsere Lösung der Aufgabe von Kapitel 1.3. Wichtig an jeder Lösung ist vor allem die Reihenfolge der Blöcke (Operationen). Diese ist in Ihrer Lösung sicher die gleiche wie in der unsrigen.

Wir erweitern jetzt die Aufgabenstellung. Statt nur zwei Lochkarten zu lesen und zu verarbeiten, soll es möglich sein, eine beliebige Anzahl Karten diesem Vorgang zu unterziehen.

Die neue Lösung ② bezeichnen wir als zyklische Lösung, da dieselben Blöcke mehrmals durchlaufen werden.

Neu an dieser Lösung ist vor allem, dass am Ende eines Zyklus (Schleife oder auch Schlaufe genannt) die Frage nach der Beendigung des Vorgangs ③ steht. Wir setzen also voraus, dass der Computer auf Grund eines Hinweises diese Frage eindeutig mit JA oder NEIN beantworten kann. Wie dies genau vor sich geht, sehen wir in einem späteren Kapitel.

Stellen wir die Lösungen ① und ② einander gegenüber. Es ist kaum bestreitbar, dass die Lösung ② übersichtlicher ist. Zudem hat sie den Vorteil, dass sie für eine unbeschränkte Anzahl von Lochkarten gültig ist.

ZUSATZINFORMATION

Bei der Lösung ② werden die Blöcke in der Schleife offensichtlich mehrmals - also zyklisch - durchlaufen. Um zu entscheiden, ob man an den Anfang der Schleife zurückkehren soll, oder ob man schon den Schluss des zyklischen Durchlaufens erreicht hat, braucht man zusätzlich einen Entscheidungsblock.

NOTIZEN

SINNBILD	BEDEUTUNG
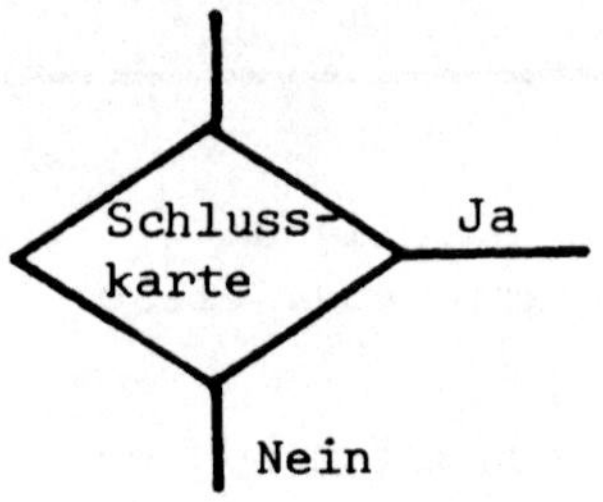	Wurde eben die Schlusskarte eingelesen ?
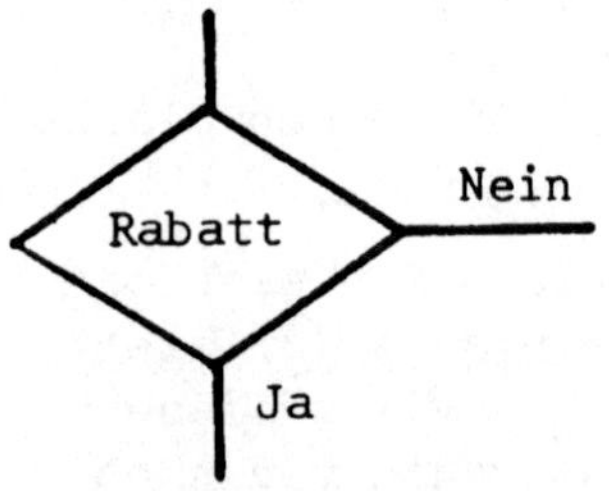	Soll der Rabatt berechnet werden ?
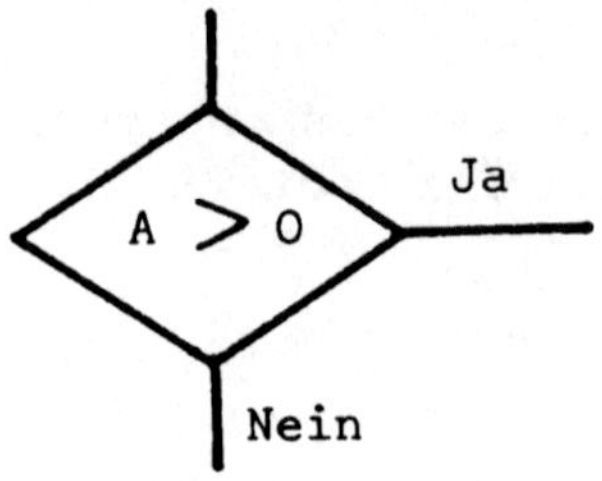	Ist der Wert A grösser als Null ? Wenn z.B. A gleich 5 ist, geht die Verarbeitung auf dem Zweig <u>Ja</u> weiter.
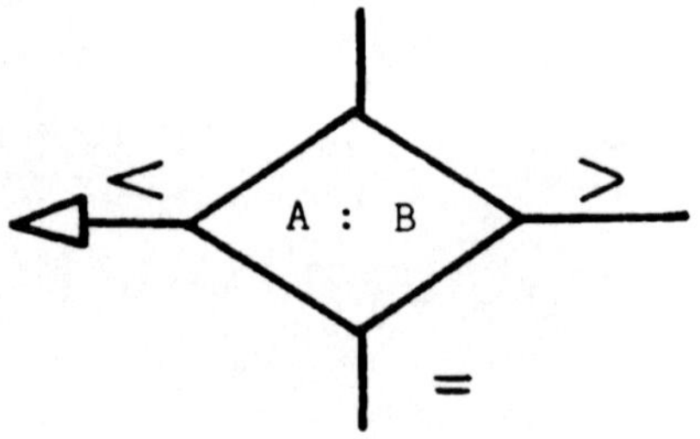	In welchem Verhältnis ist der Wert von A zu dem Wert von B ? Wenn A gleich 5 und B gleich 7 ist, geht es auf dem Zweig < weiter. <u>Bemerkung:</u> Als Symbol der Division wird in den Blockdiagrammen ein Schrägstrich benützt. Der Doppelpunkt ist für das Verhältnis von zwei Grössen reserviert.

FRAGE Bezeichnen Sie die folgenden vier Blöcke als V = sinnvoll oder L = sinnlos, bzw. unvollständig!

IHRE LOESUNG

1.
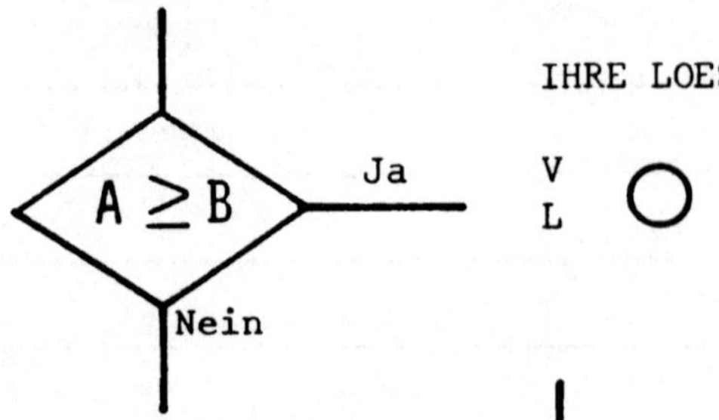

2.
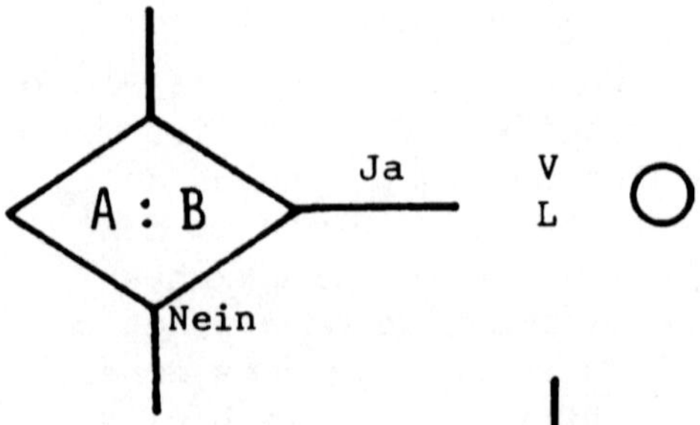

3.
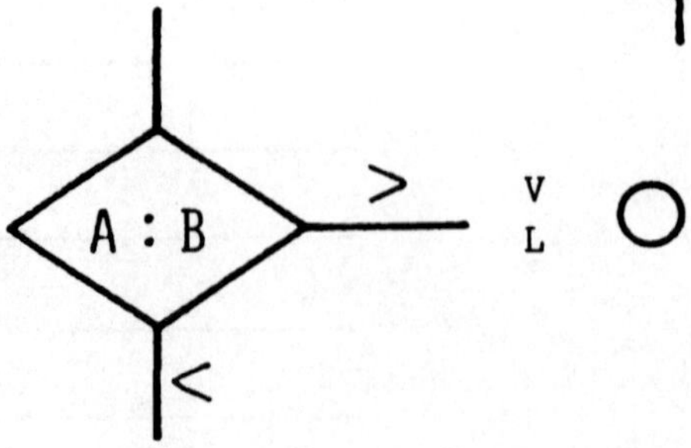

4.
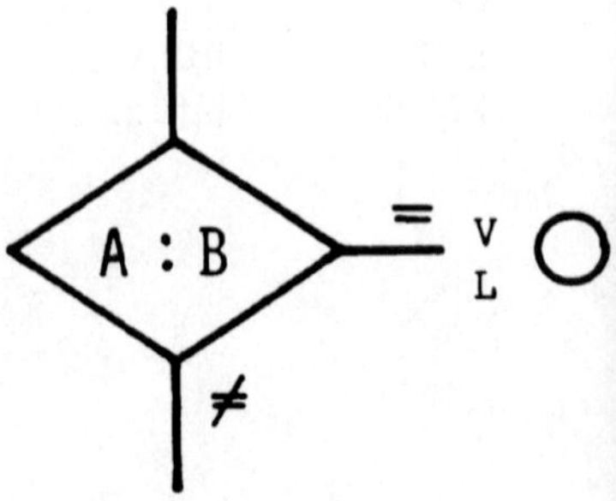

1.5. VERZWEIGUNGEN

Für den logischen Aufbau der Lösung beliebiger Aufgaben sind die Verzweigungsblöcke das wichtigste Instrument. Auf Grund der Antwort einer richtig gestellten Frage ist es möglich, die Reihenfolge der Befehle abzubrechen und zu einer anderen Stelle des Ablaufes zu springen. Deswegen merken wir uns:

a) Im Verzweigungsblock steht immer eine Frage. Das sehen wir in den nebenstehenden Beispielen. Daraus ergibt sich:
   - Man muss das Fragezeichen nicht ausdrücklich schreiben, es versteht sich von selbst.
   - Man muss mindestens zwei verschiedene Antworten vorsehen. Beispiel: Ja oder Nein.
   - Die Gesamtheit der Antworten muss alle Möglichkeiten erschöpfen. Beispiel: "grösser als" oder "gleich" oder "kleiner als".
   - Anhand der Antwort auf die im Verzweigungsblock gestellte Frage wählt der Computer die Richtung seines weiteren Verarbeitungsweges durch das Blockdiagramm.

b) Im Verarbeitungsablauf darf nur und ausschliesslich anhand der Verzweigungsblöcke verzweigt werden.

c) Man darf mehrere Verzweigungsblöcke unmittelbar aneinander hängen.

Während des Programmablaufes müssen wir oft entscheiden, welches Verhältnis zwischen zwei Zahlenwerten besteht. Dann benutzen wir oft die sogenannten Relationszeichen.

$=$	gleich	$\neq$	ungleich
$>$	grösser als	$\geqslant$	grösser als oder gleich
$<$	kleiner	$\leqslant$	kleiner als oder gleich

Auf die Frage: "In welchem Verhältnis sind die zwei Werte?" wäre die Antwort "Ja oder Nein" natürlich sinnlos.

ZUSATZINFORMATION

Für die elektronischen Datenverarbeitungsanlagen ist die Möglichkeit, automatisch zu verzweigen, kennzeichnend. Je nachdem die betreffende Bedingung erfüllt ist oder nicht, wählt die EDV-Anlage den weiteren Weg selbständig. Diese Eigenschaft erlaubt es, fast jede denkbare Aufgabe dem Computer anzuvertrauen.

NOTIZEN

① GROBBLOCKDIAGRAMM

③ ARBEITSABLAUFDIAGRAMM

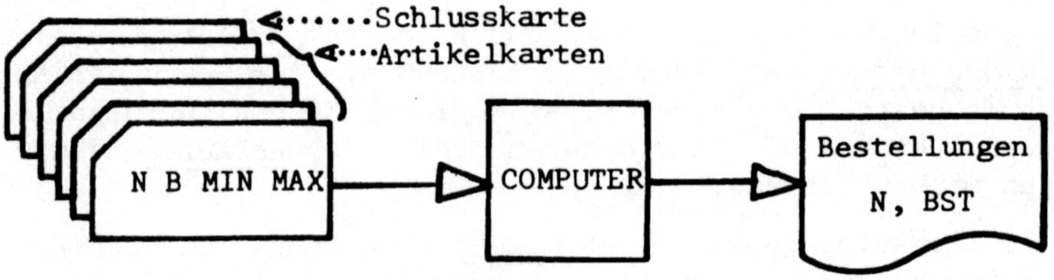

<u>Kommentar:</u>
N . . . Artikelnummer
B . . . Artikelbestand
MIN . . Mindestbestand
MAX . . Höchstbestand
BST . . zu bestellende Menge,
bei B ≤ MIN ist BST = MAX - B
bei B > MIN ist BST = 0.

② MITTELGROBES BLOCKDIAGRAMM

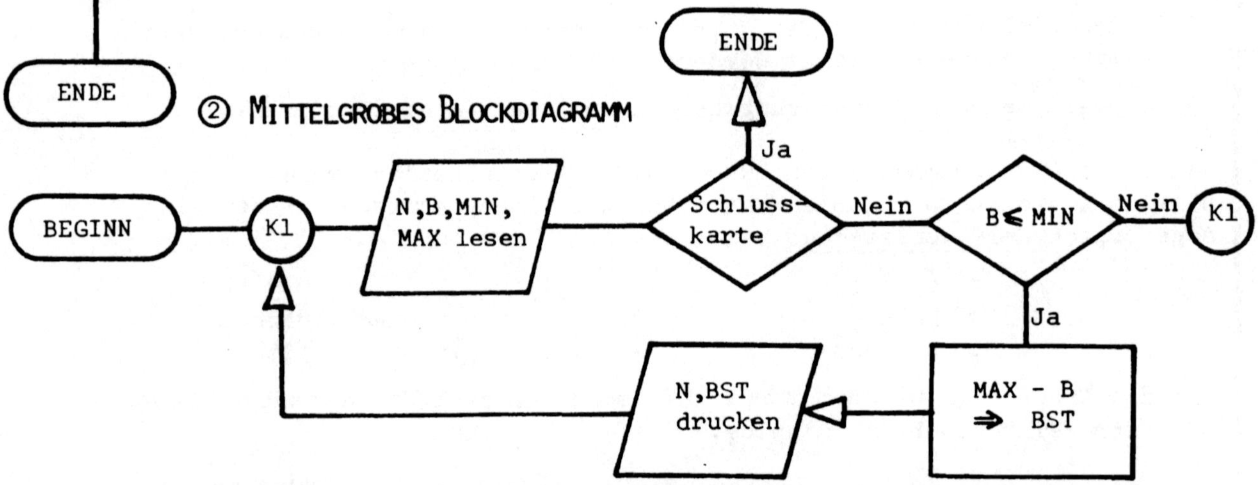

FRAGEN

1. Welche Aufgabe wird durch das obige mittelgrobe Blockdiagramm gelöst?
2. Wieviel Ein- und Ausgabeoperationen müssen durchgeführt werden, wenn wir 1000 Artikelkarten verarbeiten ? Nehmen wir an, dass bei 10 % aller Artikel der Mindestbestand erreicht oder unterschritten wurde.
3. Wieviele Entscheide werden durchgeführt ?
4. Wieviele Rechenoperationen werden durchgeführt ?

Schreiben Sie sich alle Antworten auf, bevor Sie das Kapitel 5 (Antworten und Lösungen) konsultieren!

1.6. GROBE UND FEINE BLOCKDIAGRAMME

Wir unterscheiden zwischen groben und feinen Blockdiagrammen. Es gibt dazwischen noch eine ganze Skala von Blockdiagrammen. Bis jetzt haben wir mittelgrobe Blockdiagramme kennengelernt.

Die groben Blockdiagramme zeigen die logische Struktur der zu lösenden Aufgabe nur in den Hauptzügen. Sie bilden den Ausgangspunkt zu der schrittweisen Verfeinerung der Struktur des Problems. Letzten Endes gelangt man zu einer ganz detaillierten graphischen Darstellung, nach der die Programmierer ihre Programme für den Computer schreiben können.

Besonders für umfangreiche Aufgaben sind die groben Blockdiagramme sehr wichtig. Detaillierte Darstellungen in der Anfangsphase der Lösung würden uns die wichtigsten Zusammenhänge verschleiern. (Vor lauter Bäumen könnten wir den Wald nicht sehen.)

Die groben ① und mittelgroben ② Blockdiagramme sind computerunabhängig. Sie befassen sich ausschliesslich mit den logischen Zusammenhängen des Problems. Die ganz feinen Blockdiagramme hingegen sind sehr maschinengebunden. Nachdem Sie eine Programmiersprache erlernt haben, werden Sie solche Blockdiagramme verstehen und erstellen können.

Die groben Blockdiagramme ersetzt man unter Umständen durch die Arbeitsablaufdiagramme ③, die ganz grob den physischen Ablauf der Arbeit darstellen.

ZUSATZINFORMATION

Sie haben sicher schon festgestellt, dass in unserem groben Blockdiagramm ① der Zyklus nicht ausdrücklich angedeutet ist. Solche Konzessionen sind in den ganz groben Blockdiagrammen üblich. Ihre Aufgabe ist es ja, den Arbeitsablauf nur in den Hauptzusammenhängen darzustellen.
Haben Sie aus den Antworten auf die Fragen 2 bis 4 den Schluss gezogen, dass der Anteil der Rechenoperationen eigentlich ziemlich gering ist? In unserem Fall sind es nur 3.3 %!

NOTIZEN

1. 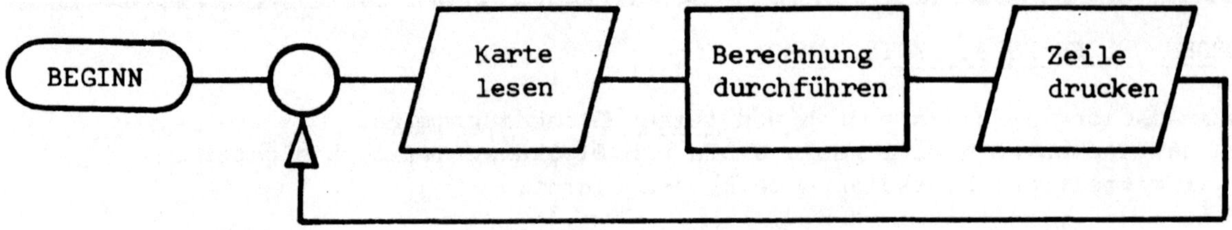
BEGINN
Karte lesen
Berechnung durchführen
Zeile drucken

2. 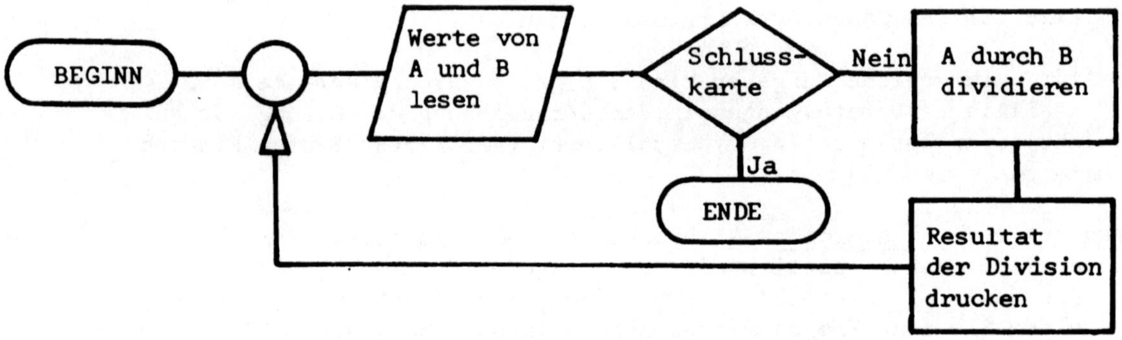
BEGINN
Werte von A und B lesen
Schluss-karte
Nein
Ja
ENDE
A durch B dividieren
Resultat der Division drucken

3. 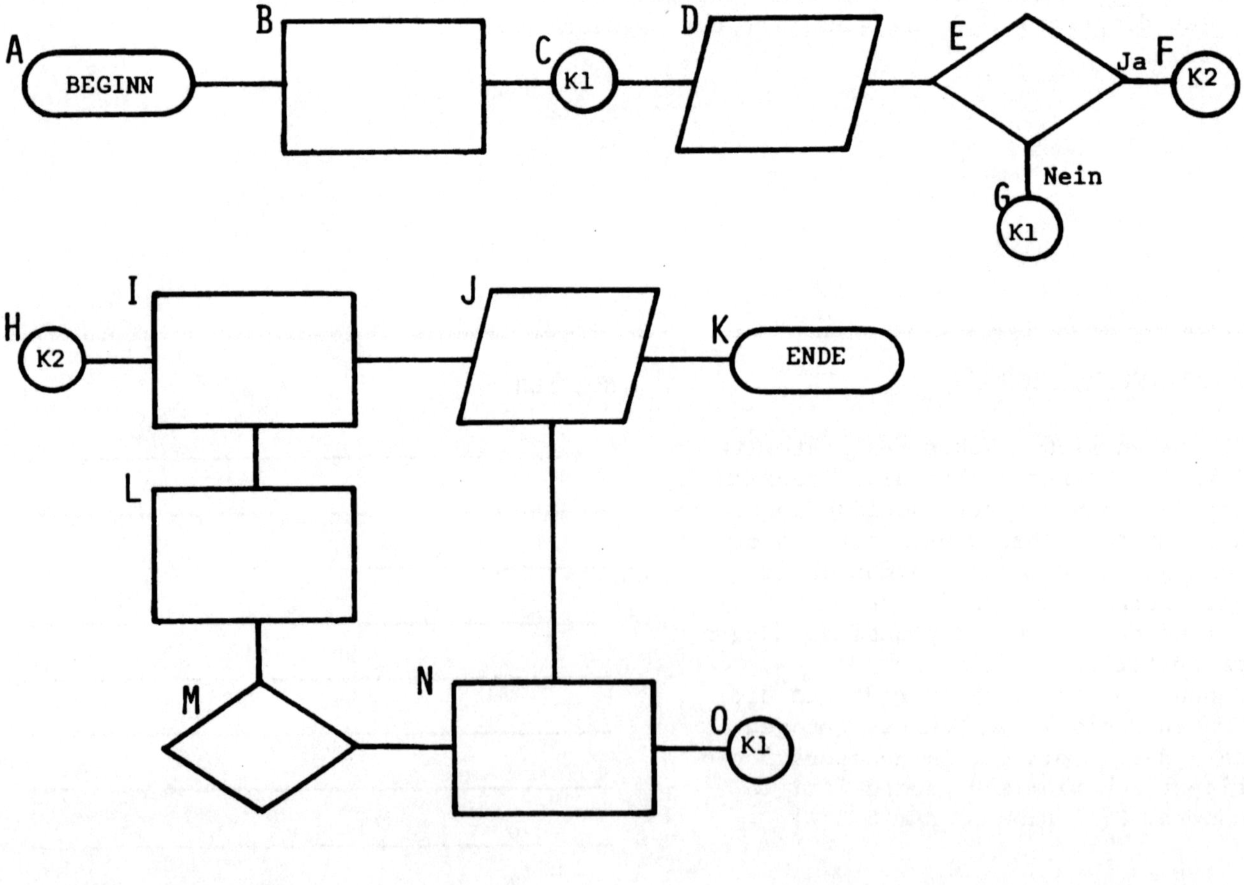
A
BEGINN
B
C
K1
D
E
Ja
F
K2
Nein
G
K1
H
K2
I
J
K
ENDE
L
M
N
O
K1

1.7. FEHLER IN BLOCKDIAGRAMMEN

Jedes Blockdiagramm kann seine Tücken haben. Oft schleicht sich sehr schnell ein Fehler ein. Einige typische Fehler, wie sie vor allem infolge mangelnder Praxis gemacht werden, sehen wir an den folgenden Beispielen.

Fragen zu den entsprechend nummerierten Blockdiagrammen auf der nebenstehenden Seite:

1. a) Wird die Verarbeitung laut diesem Blockdiagramm ewig laufen?

   b) Wenn nein, wann kommt es zu einem Stop?

   c) Wie sollte man das Blockdiagramm korrigieren, um einen geplanten Schluss der Verarbeitung zu erzielen?

2. Finden Sie das Blockdiagramm Nr. 2 in Ordnung? Wird es immer richtige Resultate liefern? Wann wird die Verarbeitung gestoppt werden? Möchten Sie das Blockdiagramm ergänzen?
   Lösungshinweis: Was geschieht, wenn B gleich Null ist?

3. Im Blockdiagramm Nr. 3 haben wir absichtlich auf die konkrete Beschreibung der Inhalte der einzelnen Blöcke, sowie auf die Beschreibung der Zweige (mit Ja und Nein) verzichtet. Alle Sinnbilder haben wir mit Buchstaben bezeichnet. Schreiben Sie die Buchstaben von <u>allen</u> unrichtigen Sinnbildern auf. Geben Sie an, <u>warum</u> Sie die Anordnung oder die Plazierung des Sinnbilds für unrichtig halten!
   Lösungsbeispiel: Der Block I ist ein Rechteck. Er beschreibt eine Operation. Deswegen darf er nicht <u>zwei</u> Ausgänge haben. Dies ist nur beim Verzweigungsblock erlaubt, also bei einem Rhomboid. Block E ist ein richtiges Beispiel dafür.

<u>Eine Empfehlung:</u> Die Aufgaben sind gar nicht leicht. Sind Sie mit Ihrer Lösung nicht ganz sicher? Lesen Sie die vorangegangenen Kapitel nochmals gründlich durch! Versuchen Sie nochmals, die Fragen zu beantworten. Gönnen Sie sich dann eine ausgiebige Ruhepause und kontrollieren Sie dann nochmals Ihre Antworten. Erst dann vergleichen Sie im Kapitel 5 (Antworten und Lösungen) Ihre Ergebnisse mit den unsrigen.

① TESTEINGABEDATEN

Karteninhalt:

	N	B	MIN	MAX	Schlusszeichen
1. Karte	1	100	80	200	
2. Karte	2	90	90	150	
3. Karte	3	110	120	160	
4. Karte					z.B. /*

② TESTERGEBNISSE

Druckausgabe:

	N	BST
1. Zeile	2	60
2. Zeile	3	50

③ SIMULATIONSTABELLE

Schritt	N	B	MIN	MAX	/*	BST	Entscheide,Ausgabe
1.	1	100	80	200			
2.							Schlusszeichen?.......Nein
3.							100 ⩽ 80?...........Nein
4.	2	90	90	150			
5.							Schlusszeichen?.......Nein
6.							90 ⩽ 90?............Ja
7.						60	
8.							Druck: 2 60
9.	3	110	120	160			
10.							Schlusszeichen?.......Nein
11.							110⩽ 120?...........Ja
12.						50	
13.							Druck: 3 50
14.					/*		
15.							Schlusszeichen?.......Ja
16.							STOP

FRAGE	ANTWORT	IHRE LOESUNG
1. Was deuten die Worte "Ja" und "Nein" in der letzten Kolonne der Simulationstabelle an ?	A. Den weiteren Weg durch das Blockdiagramm B. Ob die Resultate gedruckt werden sollen.	◯
2. Was steht auf dem Speicherplatz "N" nach dem 7. Schritt ?	A. Nichts, er ist leer B. Noch immer 2 C. Wir wissen es nicht	◯
3. Was steht auf den Speicherplätzen "N", "B", "MIN" und "MAX" nach dem 14. Schritt ?	A. Nullen B. Noch immer 3, 110, 120, 160 C. Nichts, sie sind leer	◯

1.8. PRUEFEN DER BLOCKDIAGRAMME

Haben Sie sich das mittelgrobe Blockdiagramm des Bestellwesens von Kapitel 1.6 auch aufgezeichnet? Nein? Dann holen Sie es bitte gleich nach! Sie wissen doch: Uebung macht den Meister. (Und ausserdem werden wir es jetzt brauchen.)

Es kommt fast immer vor, dass wir einige Fehler im Blockdiagramm machen. Wir sind Menschen und haben das Recht darauf, Fehler zu machen. Deswegen müssen wir unsere Arbeit kontrollieren. Eine wirkungsvolle Methode ist die Nachahmung - die Simulation - der Arbeit des Computers. Für grössere Blockdiagramme ist diese Art der Kontrolle ziemlich langwierig und zeitraubend. Wir begrenzen uns deshalb nur auf die fragwürdigen und schwierigen Stellen des Blockdiagramms.

Wir legen Testeingaben ① fest, und zwar so, dass alle Zweige des Blockdiagramms durchlaufen werden müssen, und dass auch alle Vergleiche vollständig überprüft werden.

Im weiteren schreiben wir uns die Testergebnisse ② auf, die unser Blockdiagramm liefern soll.

Jetzt erstellen wir den Kopf der Simulationstabelle ③. In der Kopfzeile reservieren wir die erste Kolonne für die laufenden Nummern der Schritte. Später können wir uns auf diese Nummern beziehen. Dann tragen wir alle Bezeichnungen ein, die wir in unserem Blockdiagramm benutzt haben: N, B, MIN, MAX und BST. Der Computer wird es genauso machen. Nur reserviert er in seinem Arbeitsspeicher für jede dieser Grössen einen Speicherplatz. Auf einem Speicherplatz kann eine Zahl gespeichert werden. Die letzte Spalte reservieren wir für das Eintragen der Entscheide und der Ausgabeoperationen.

Nun beginnen wir Schritt für Schritt das Blockdiagramm anhand der Testeingabedaten zu durchlaufen. Vergleichen Sie bitte bei jedem Schritt Ihr Blockdiagramm mit der Simulationstabelle links!

ZUSATZINFORMATION

Die Simulationstabelle müssen wir ganz genau ausfüllen. Wir müssen den Befehlen im Blockdiagramm genauso getreu folgen, wie es später der Computer tun wird. Nur dann kann unsere Kontrolle wirkungsvoll sein.

NOTIZEN

2. Aufbau des Blockdiagramms

VERSCHIEDENE DARSTELLUNGSWEISE VON BLOCKDIAGRAMMEN

1

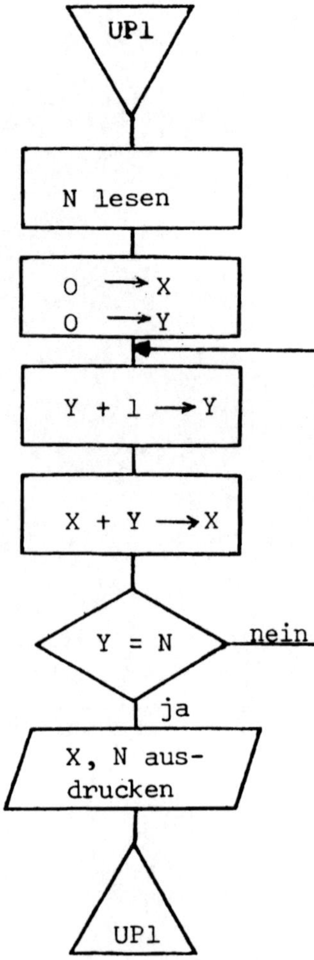

2

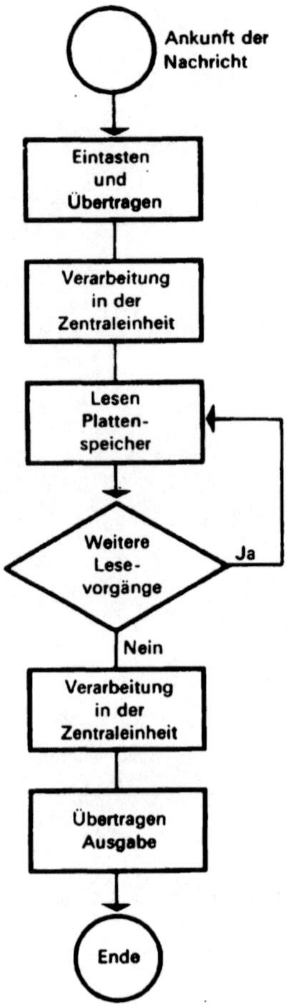

3

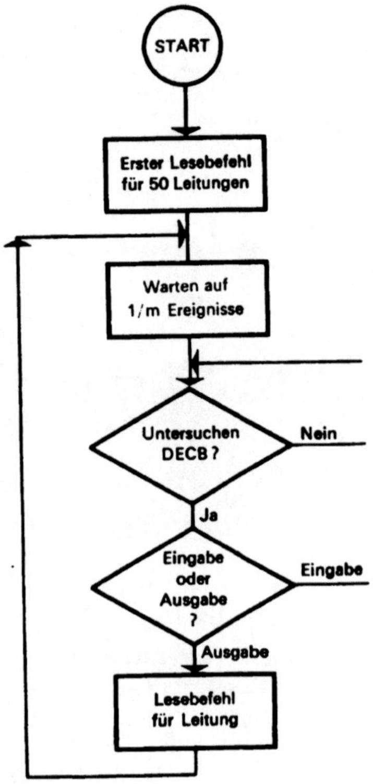

FRAGE	ANTWORT	IHRE LOESUNG
1. Zuerst die Aufgabestellung rasch durchlesen. Dann ein Blockdiagramm erstellen. Nachher die Logik der Aufgabe untersuchen. Dieses Vorgehen ist bestimmt	A. Richtig B. Annehmbar C. Falsch	○
2. Wie soll der erste Entwurf eines Blockdiagramms sein?	A. möglichst einfach B. möglichst komplex	○

2.1. ALLGEMEINE HINWEISE

Das höchste Gesetz der Blockdiagrammtechnik ist die Uebersichtlichkeit. Das Blockdiagramm zeigt die logische Struktur des Problems. Diese Aufgabe kann es nur dann erfüllen, wenn es klar und übersichtlich ist. Daraus sind folgende Schlüsse zu ziehen:

- Das Blockdiagramm muss sauber mit Schablone gezeichnet werden.
- Das Blockdiagramm soll nicht viel Text enthalten. Alle Ergänzungen, Erläuterungen und Hinweise sind separat in der Form eines Kommentars zu schreiben.
- Beim Zeichnen des Blockdiagramms sollte man nicht mit Papier sparen. Sind Reserven an freiem Platz vorhanden, kann man die eventuellen Korrekturen deutlich und klar angeben.

Wir haben im ersten Kapitel dieses Heftes die Sinnbilder und die Zeichnungsweise der Blockdiagramme kennengelernt. In den einzelnen Unternehmen und Rechenzentren findet man oft verschiedene Darstellungsweisen des Blockdiagramms. Diese Hausgewohnheiten sind für die Verständigung unter den Beteiligten wichtig. Die Abweichungen sind sehr vielfältig, wir können sie nicht behandeln. Einige Beispiele dazu sehen Sie auf der nebenstehenden Seite. Wir halten uns an die Darstellungsweise, die international anerkannt ist. (DIN 66001)

Während des Zeichnens des Blockdiagramms erkennen wir manchmal Fehler oder Unvollständigkeiten im bereits erstellten Teil. Wir beginnen nicht gleich wieder von Neuem, sondern wir vermerken diese Ideen am Rande des Blockdiagramms. Erst beim Erstellen der nächsten Version der Lösung nützen wir diese Notizen überlegt aus.

ZUSATZINFORMATION

Ein arabisches Sprichwort sagt: "Allah schuf die Zeit, über Eile hat er nichts gesagt." An diese Weisheit wollen wir uns beim Erstellen des Blockdiagramms halten. Lassen Sie sich also Zeit.

NOTIZEN

①

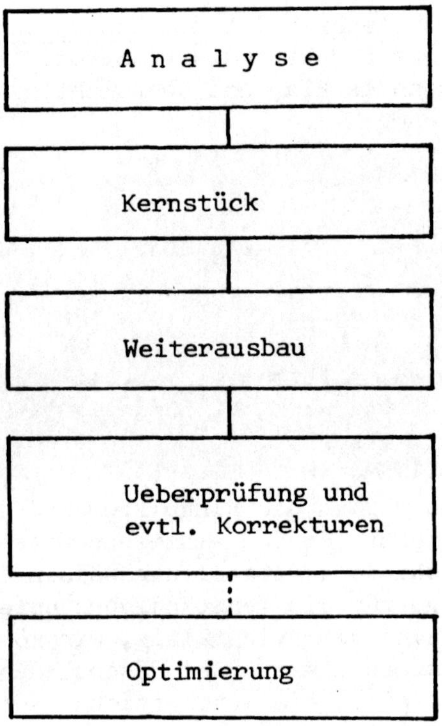

FRAGE	ANTWORT	IHRE LOESUNG
1. Wird in der Aufgabestellung Kap. 2.3 eine gedruckte Ausgabe vorgesehen?	A. Ja B. Nein	◯
2. Darf die Bewegungsdatei in unserer Aufgabe mehr Datensätze enthalten als die Stammdatei?	A. Ja B. Nein	◯

2.2. REGELN FUER DIE ENTWICKLUNG DER BLOCKDIAGRAMME

Wie Sie wohl schon festgestellt haben, ist es nicht so schwierig, die Blockdiagramme zu lesen und zu verstehen. Viel schwieriger ist es, ein richtig funktionierendes Blockdiagramm zu erstellen. Dabei ist folgendes Vorgehen empfehlenswert:

a) Die Aufgabenstellung analysieren, d.h. vor allem die infragekommenden Begriffe genau definieren, Zusammenhänge finden, Kontrollen einplanen und die Reihenfolge der Arbeitsgänge festlegen.
b) Das Kernstück der Lösung aussuchen. Sehr oft bilden die wichtigsten Verzweigungen das Kernstück.
c) Den Aufbau des Blockdiagramms mit dem Kernstück beginnen. Erst wenn das Kernstück der Aufgabe gelöst wurde, das Blockdiagramm in beiden Richtungen (zum BEGINN und ENDE) ausdehnen.
d) Das fertige Blockdiagramm auf Richtigkeit und Vollständigkeit überprüfen und eventuell korrigieren, oder eine verbesserte, beziehungsweise optimierte Version des Arbeitsablaufs entwickeln. ①

2.3. AUFGABENSTELLUNG

Wir werden jetzt gemeinsam ein Blockdiagramm für die folgende Aufgabe entwickeln.

Es liegen zwei Dateien vor:
a) Stammdatei mit einem Schlüssel (Schlüssel = Ordnungsmerkmal) und einem Wert in jedem Datensatz, z.B. die Kartei der Warenbestände mit der Nummer und dem Bestand jedes Artikels. Für jeden Schlüssel besteht nur ein Datensatz.
b) Bewegungsdatei, auch mit einem Schlüssel und einem Wert in jedem Datensatz, z.B. der Stapel der Lochkarten mit Warenzugängen und Warenabgängen. Für jeden Schlüssel soll in unserer Aufgabe höchstens ein Datensatz vorkommen.

Man muss die Stammdatei nachführen, d.h. neue Warenbestände berechnen und in der Stammdatei die alten Bestände durch die neuen ersetzen.

ZUSATZINFORMATION

Eine Stammdatei beschreibt immer den Zustand. Nehmen wir als Beispiele die Artikelkartei, die Personalkartei, die Kundenkartei.
Eine Bewegungsdatei beschreibt immer die Aenderungen. Die Lieferscheine, Lohnerhöhungen und Adressänderungen sind Beispiele dafür.
Die Stammdateien müssen nachgeführt werden. Die Stammdaten werden mit den Bewegungsdaten zusammen verarbeitet.
Als Resultat bekommt man neue Stammdaten, sodass die Stammdatei wieder dem neuesten Zustand entspricht.

NOTIZEN

ANALYSE DER AUFGABENSTELLUNG

(1) ARBEITSABLAUFDIAGRAMM

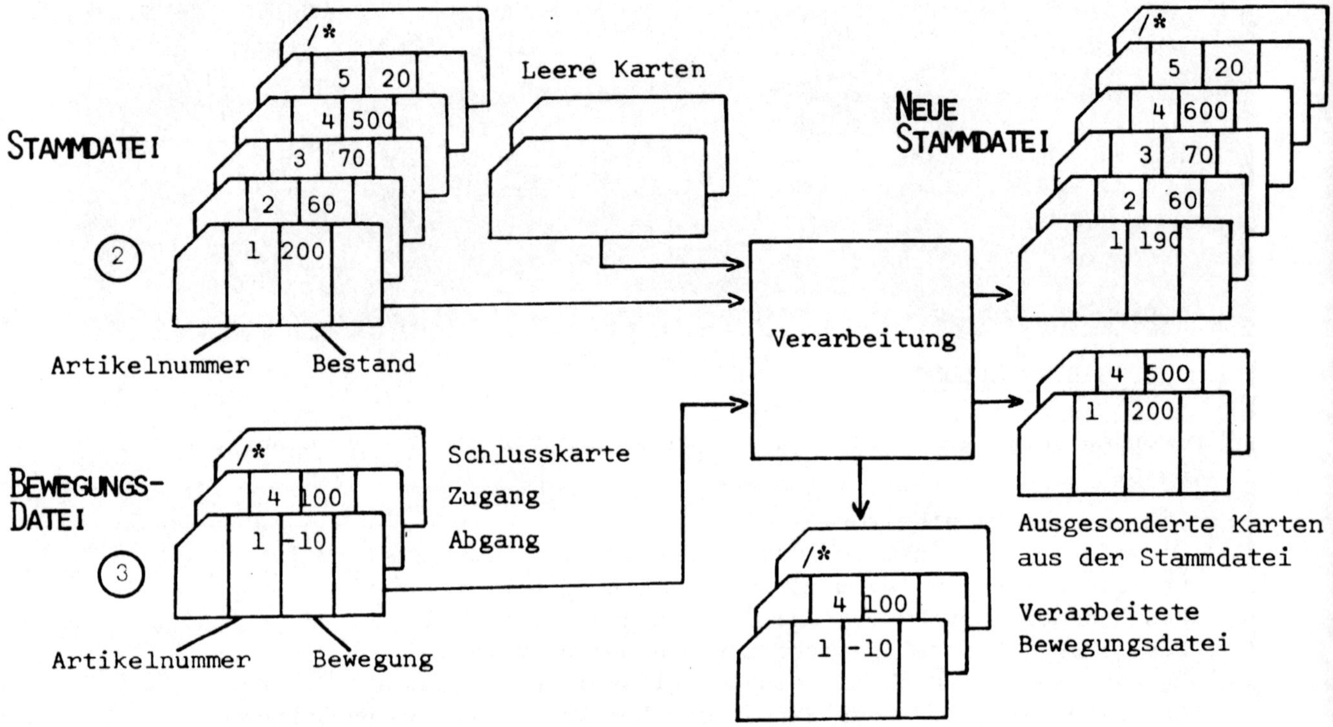

FRAGE	ANTWORT	IHRE LOESUNG
1. Welche Werte enthält die Stammdatei <u>nach</u> der Verarbeitung?	Bitte aufschreiben	
2. Eine Schlusskarte muss	A. immer vorhanden sein und /* enthalten. B. nur nach Gutdünken des Programmierers eingefügt werden. C. immer vorhanden sein und kann irgend eine spezielle Zeichenkombination, die vorher als Schluss-Symbol definiert wurde, enthalten.	○

2.4 ANALYSE DER AUFGABENSTELLUNG

Bevor wir ein Blockdiagramm erstellen, analysieren wir die Aufgabenstellung. Zu einer ersten Veranschaulichung der Aufgabe dient uns das Arbeitsablaufdiagramm ①. Wir haben dieses Diagramm mit einem einfachen Beispiel versehen.

Nehmen Sie sich jetzt genügend Zeit, dieses Diagramm ① eingehend zu studieren.

Wir treffen nun noch einige weitere Vereinbarungen die zur eindeutigen Lösung des Problems beitragen:

a) Der Schlüssel der Stammdaten ② muss immer gleich oder kleiner als der Schlüssel der Bewegungsdaten ③ sein, andernfalls liegt ein Fehler vor.
Achtung: Schlüssel = Artikelnummer in dieser Aufgabe.

b) Wenn das Schlusszeichen (/ *) der Stammdatei vor dem Schlusszeichen (/ *) der Bewegungsdatei eingelesen wird, liegt ein Fehler vor. Einfachheitshalber sind in unserem Beispiel neue Schlüssel in der Bewegungsdatei nicht zugelassen, z.B. neue Artikel, die noch nicht in der Stammdatei vorhanden sind.

c) Wenn die Bewegungsdatei zu Ende ist, kann die Verarbeitung beendet werden. In der Praxis würden wir in der Regel auch die Stammdatei zu Ende lesen. Im Moment allerdings wäre dieses Blockdiagramm für uns noch zu kompliziert.

NOTIZEN

① ZUERST EINE GRAPHISCHE DARSTELLUNG DER EINGABE

Die weiteren Ausführungen sind leichter zu verstehen, wenn wir auf die "Werte" verzichten und nur die "Schlüssel" eintragen.

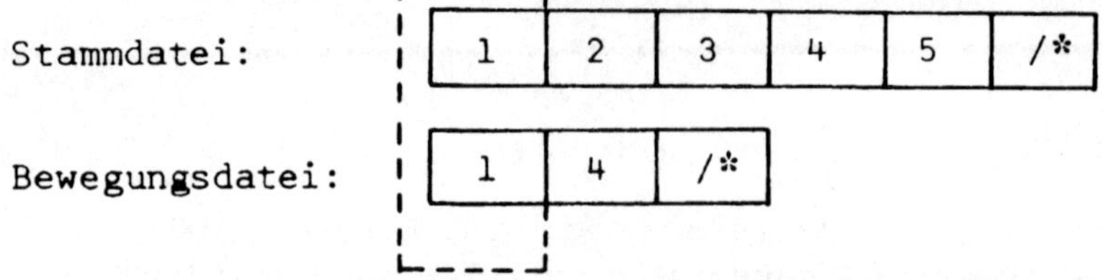

Beide Schlüssel stimmen überein. Deshalb können wir beim nächsten Schritt von beiden Dateien lesen:

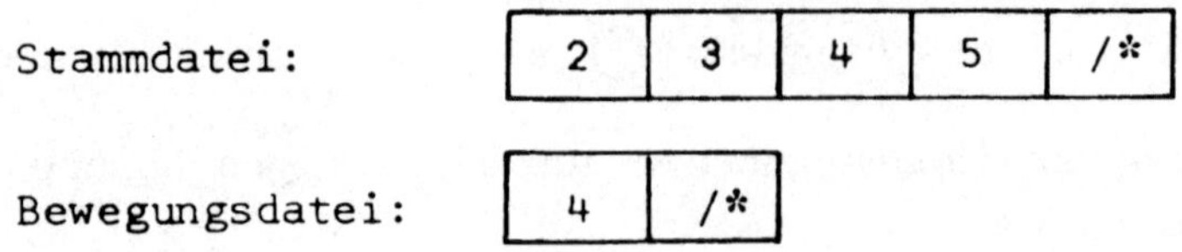

Wie Sie sehen, muss jetzt die <u>Bewegungsdatei warten</u>, bis von der <u>Stammdatei</u> der Schlüssel <u>4</u> eingelesen wird.

② KERN DER AUFGABE

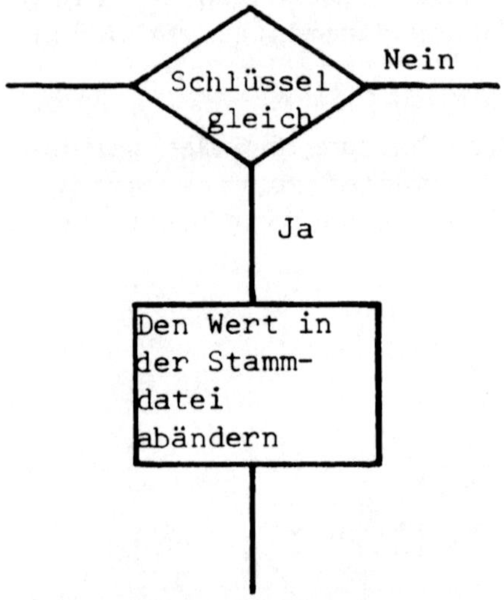

③ ERWEITERUNG DES KERNS

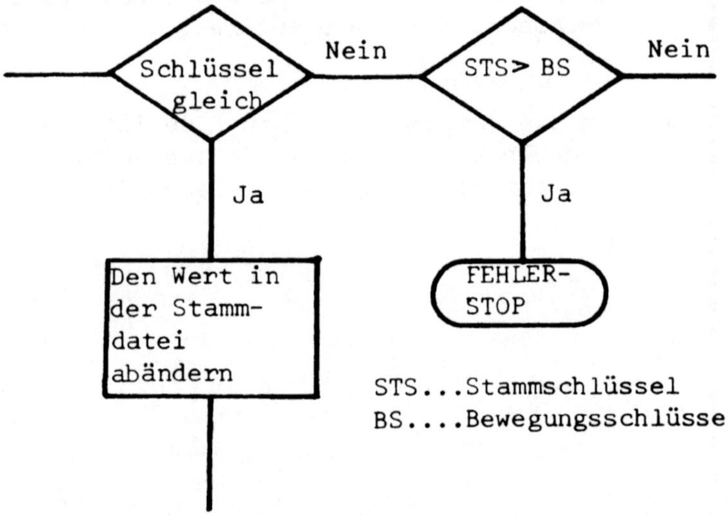

STS...Stammschlüssel
BS....Bewegungsschlüssel

FRAGE	ANTWORT	IHRE LOESUNG
1. In welcher Reihenfolge sollen wir lesen ?	A. Zuerst von der Stammdatei B. Zuerst von der Bewegungsdatei	○
2. Woher müssen wir lesen, wenn der Stammschlüssel kleiner ist als der Bewegungsschlüssel ?	A. Von der Stammdatei B. Von der Bewegungsdatei	○
3. Vervollständigen Sie das erweiterte Kernstück um die Eingabeblöcke. Im nächsten Kapitel können Sie Ihre Lösung überprüfen.		

2.5. KERNSTUECK DER AUFGABE

Die meisten Anfänger haben beim Entwickeln des Blockdiagramms die grösste Schwierigkeit mit dem Anfassen des Problems. Ein universelles Rezept steht uns kaum zur Verfügung, nur einige Hinweise:

a) Es braucht Praxis, man muss also üben und üben.
b) Man sollte sich zuerst das Problem so praktisch wie möglich vorstellen, graphische Darstellungen - wie etwa in ① - sind dabei nützlich.
c) Beim ersten Versuch sollte man das Problem durch die Lösung eher vereinfachen, als es in allen Details zu sehen.
d) Man braucht Ausdauer. Führten nicht die ersten fünf Versuche zum Ziel, gelingt vielleicht der sechste.

Wir haben also den Kern ausgesucht und gezeichnet ②. Nun müssen wir uns zwei Fragen stellen:

- Was ist zu tun, wenn der neue Wert für die Stammdatei berechnet und eingetragen wurde?
- Was ist zu tun, wenn die Schlüssel von beiden Dateien nicht übereinstimmen?

Auf die erste Frage dürfte die Antwort klar sein: Von beiden Dateien je einen Datensatz lesen. Aber in welcher Reihenfolge?
Die zweite Frage müssen wir uns gut überlegen: Wenn die Schlüssel nicht übereinstimmen, muss einer grösser sein. Wir erinnern uns an Punkt a) der Analyse und zeichnen in diesem Sinn die Fortsetzung auf dem Zweig Nein ③.

Woher müssen wir also lesen, wenn der Stammschlüssel kleiner als der Bewegungsschlüssel ist?

Um zu den richtigen Antworten auf beiden Fragen zu gelangen, stellen wir uns nochmals beide Dateien ① vor.

ZUSATZINFORMATION

Um nicht wegen Abkürzungen verwirrt zu werden, notieren Sie sich in der Folge alle neu auftretenden Abkürzungen auf einem Blatt.
z.B.

STS = Stammschlüssel
BS = Bewegungsschlüssel

NOTIZEN

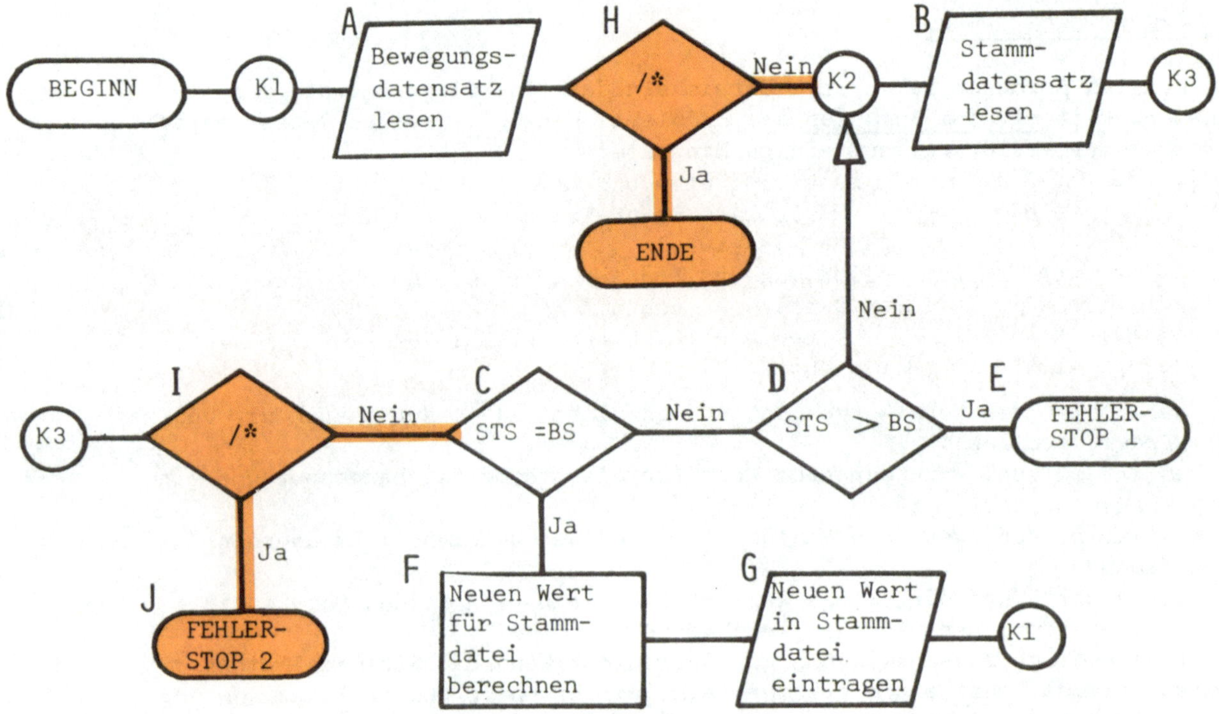

FRAGE	ANTWORT	IHRE LOESUNG
1. Dient der Konnektor K1 zur Verbindung mehrerer Ablauflinien?	A. Ja B. Nein	○
2. Dient der Konnektor K3 zur Verbindung mehrerer Ablauflinien?	A. Ja B. Nein	○
3. Wieviele Operationen werden bei Verarbeitung der Daten unseres Beispieles (Kap. 2.5. ①) durchgeführt: Rechenoperationen, Eingabeoperationen, Entscheide?		Rechenoperationen: ☐ Eingabeoperationen: ☐ Entscheide: ☐
4. Erstellen Sie für unser Beispiel eine Simulationstabelle. Lösung: Kapitel 3.1.		

2.6. ABSCHLIESSEN DER VERARBEITUNG

Hoffentlich haben wir - bis auf die Blöcke H, I und J - die gleiche Lösung auf Frage 3, Kapitel 2.5.
Wenn nicht, bestehen folgende Möglichkeiten:

a) Das Problem ist für Sie noch immer ein wenig fremd. Lesen Sie in diesem Fall die Zusatzinformation dieser Seite und kehren Sie dann zu Kapitel 2.2 zurück.

b) Sie haben zwar formell eine andere Darstellung des Blockdiagramms, aber sachlich stimmen wir überein. Ueberprüfen Sie es!

Fahren wir nun im Aufbau unseres Blockdiagramms weiter:

Den wirklichen Arbeitsteil der Aufgabe haben wir schon gelöst. Es bleibt uns nur die Frage übrig, wie wir die Verarbeitung stoppen werden.

Wir erinnern uns an die Punkte b) und c) der Analyse im Kapitel 2.4 und sehen gleich, was jetzt zu tun ist:

a) Nach jedem Eingabeblock müssen wir eine Abfrage nach dem Schluss der Datei einbauen. Das sind die Blöcke H und I.

b) Wenn die Bewegungsdatei zu Ende ist, müssen wir stoppen. Dies entspricht dem Punkt c) unserer Analyse.

c) Wenn die Stammdatei früher zu Ende ist, als die Bewegungsdatei, müssen wir einen Fehlerstop einbauen - siehe Punkt b) der Analyse.

ZUSATZINFORMATION

Vor allem müssen wir die Anordnung der Datensätze in den Dateien kennen. Erst dann können wir entscheiden, wie wir die sich gegenseitig entsprechenden Datensätze aussuchen. Offensichtlich sollen beide Dateien auf die gleiche Weise sortiert werden, z.B. beide aufsteigend. Setzen wir dies voraus.
Im weiteren wollen wir voraussetzen, dass die Stammdatei vollständig ist. In unserem Beispiel enthält sie also die Datensätze für alle Schlüssel. In der Bewegungsdatei sind hingegen nur diejenigen Schlüssel enthalten, bei welchen eine Aenderung vorgekommen ist.

NOTIZEN

3. OPTIMIERUNG DES BLOCKDIAGRAMMS

SIMULATIONSTABELLE

Schritt	Stammdatei Schlüssel	Stammdatei Wert	Bewegungsdatei Schlüssel	Bewegungsdatei Wert	Entscheide, Ausgabe, Bemerkungen
1.			1	-10	
2.					Beweg.-Schluss?............Nein
3.	1	200			
4.					Stamm-Schluss?.............Nein
5.					Schlüssel gleich? (1=1).....Ja
6.		190			
7.					Stammdatei neu : 190
8.			4	100	
9.					Beweg.-Schluss?............Nein
10.	2	60			
11.					Stamm-Schluss?.............Nein
12.					Schlüssel gleich? (2=4).....Nein
13.					Stamm-Schlüssel grösser? (2>4).....Nein
14.	3	70			
15.					Stamm-Schluss?.............Nein
16.					Schlüssel gleich? (3=4).....Nein
17.					Stamm-Schlüssel grösser? (3>4).....Nein
18.	4	500			
19.					Stamm-Schluss?.............Nein
20.					Schlüssel gleich? (4=4).....Ja
21.		600			
22.					Stammdatei neu : 600
23.					/* wird eingelesen
24.					Beweg.-Schluss?............Ja
25.					STOP

Bemerkung: Sie haben ganz gewiss schon erkannt: In dieser Simulationstabelle wurden die Wege vom Block I zu J und vom D zu E nicht durchlaufen. Sie haben sich diesen Mangel sicher ganz richtig erklärt: Die Tabelle wäre allzu lang.

AUFGABE Zeichnen Sie das ergänzte Blockdiagramm für die neu formulierte Aufgabestellung auf.
Bauen Sie noch folgende Kontrolle der Werte ein: Der Wert darf nicht negativ sein. Sollte ein negativer Wert in die Stammdatei eingetragen werden, liegt bestimmt ein Fehler vor. Drucken Sie in diesem Falle eine Fehlermeldung aus! Die Werte in der Bewegungsdatei dürfen natürlich negativ sein, z.B. die Warenabgänge.
Nehmen Sie sich bitte Zeit genug, bevor Sie auf der übernächsten Seite die Lösung aufschlagen.

3.1. VON DER VEREINFACHUNG ZUR KOMPLEXEN LOESUNG

Wenn Sie bedenken, dass die Blockdiagramme noch vor kurzer Zeit für Sie ein nebliger oder sogar ganz fremder Begriff waren, dürfen Sie sich über Ihren Erfolg in diesem Kurs wirklich freuen. Vielleicht hätten Sie beim Aufbau eines komplizierten Blockdiagramms immer noch grosse Schwierigkeiten, aber das ist bei mangelnder Erfahrung vollkommen begreiflich. Sie verstehen jedoch die Grundlage der Blockdiagramme und das ist die Hauptsache. Deswegen beginnen wir mit der nächsten Aufgabe:

Aehnlich wie in der Praxis haben wir unser Problem von Kapitel 2.3. zuerst vereinfacht, um zu einer funktionierenden Grundlösung zu kommen. Nun werden wir die Voraussetzung weglassen, dass in der Bewegungsdatei für jeden bestimmten Wert des Schlüssels nur ein Datensatz vorhanden ist. Unsere bisherige Variante des Blockdiagramms (s. Kapitel 2.6.) ergänzen wir auf folgende Weise:

In der Bewegungsdatei sind für jeden Artikel mehrere Zu- und Abgänge gestattet.

Unsere neue Testeingabe:

Stammdatei:	1	200	2	60	3	70	Schlusszeichen		
Bewegungsdatei:	1	-10	1	-70	3	40	3	-50	Schlusszeichen

Analyse:

a) Man muss den aus der Bewegungsdatei eben eingelesenen Schlüssel mit dem vorher gelesenen vergleichen (BSN = BSA? : Bewegungs-Schlüssel Neu = Bew.-Schl. Alt?). Bei der Antwort "Ja" fahren wir beim Block F weiter. Bei Antwort "Nein" müssen wir BSA durch BSN ersetzen und beim Konnektor K2 weiterfahren.

b) Am Anfang muss man den ersten Schlüssel auf den Speicherplatz BSA abspeichern.

c) Der neu berechnete Wert für die Stammdatei darf nicht negativ sein. Wir müssen also noch die betreffende Abfrage und eine Fehlermeldung einbauen.

ZUSATZINFORMATION

Den ersten Schlüssel aus der Bewegungsdatei haben wir in BSA abgespeichert. Dort steht also eine Eins. Den Schlüssel aus dem nächsten Datensatz lesen wir in BSN ein. Es ist wieder eine Eins. Auf die Frage BSN = BSA gibt es also die Antwort "Ja". Den Schlüssel im dritten Datensatz ist aber eine Drei. Dann gilt also nicht mehr, dass BSN (jetzt schon 3) = BSA (noch immer 1) ist.

NOTIZEN

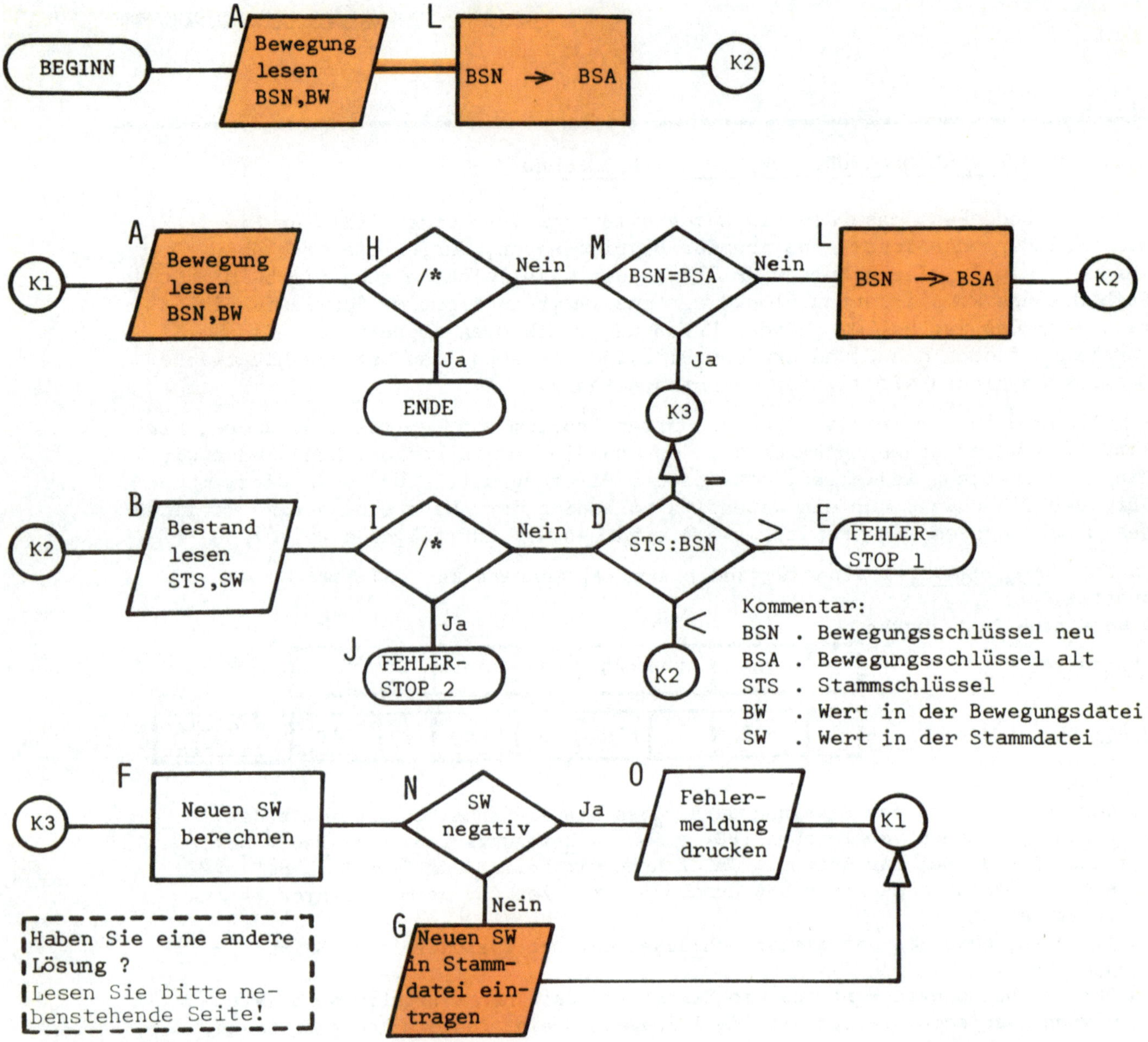

FRAGE	ANTWORT	IHRE LOESUNG
1. Ist der Verzweigungsblock D richtig ?	A. Ja B. Nein	○
2. Nach dem Block D folgt Block M oder F ?	A. Block M B. Block F	○
3. Bedeuten die Blöcke E und J genau dasselbe ?	A. Ja B. Nein	○
4. Der Inhalt des Blocks L bedeutet: den alten Bewegungsschlüssel durch den neuen ersetzen ?	A. Ja B. Nein	○

3.2. SCHRITTWEISE AUSBESSERUNG DES BLOCKDIAGRAMMS

Haben Sie das linksstehende Blockdiagramm gründlich untersucht? Gut! Dann haben Sie bestimmt eine fragwürdige und eine fehlerhafte Stelle entdeckt:

- Die Blöcke A und L wiederholen sich zweimal.
- Wir müssen den neuen Wert in die Stammdatei erst dann eintragen, wenn alle Bewegungssätze mit demselben Schlüssel eingelesen worden sind. In unserem Blockdiagramm wird aber der Block G nach jedem Einlesen des Bewegungssatzes durchlaufen.

3.3. PROGRAMMIERTER SCHALTER

Für die erste Ausbesserung des Blockdiagramms verwenden wir einen programmierten Schalter. (Für den Begriff Schalter trifft man oft auch das Wort Weiche.) Mit Hilfe des Schalters kann sich der Computer merken, was er gemacht hat, oder auf welchen Weg er gegangen ist. Das Sinnbild für den Schalter ist:

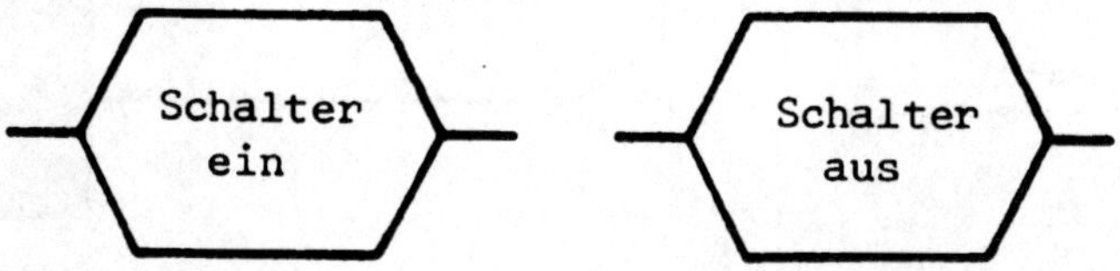

Auf diese Weise können wir das Ein- oder Ausschalten der Weiche angeben. Im weiteren Ablauf der Verarbeitung können wir mittels des Verzweigungsblocks den Zustand des Schalters abfragen und danach die Richtung des weiteren Arbeitsablaufs bestimmen.

ZUSATZINFORMATION

Einige Erläuterungen zum nebenstehenden Blockdiagramm:

a) Der Verzweigungsblock muss mindestens zwei Ausgänge haben, also auch 3 Ausgänge sind richtig (Block D).

b) Zum Block F kommt man entweder vom Block D oder vom Block M.

c) Beide Blöcke E und J bedeuten einen Fehlerstop. Die Ursachen sind aber verschieden. Deswegen sind die Fehlerstops numeriert. Bei der tatsächlichen Verarbeitung erscheint dann die Nummer des Fehlerstops und der Operator ist über die Ursache der Unterbrechung der Maschine sofort orientiert. Das erspart Zeit und Geld.

NOTIZEN

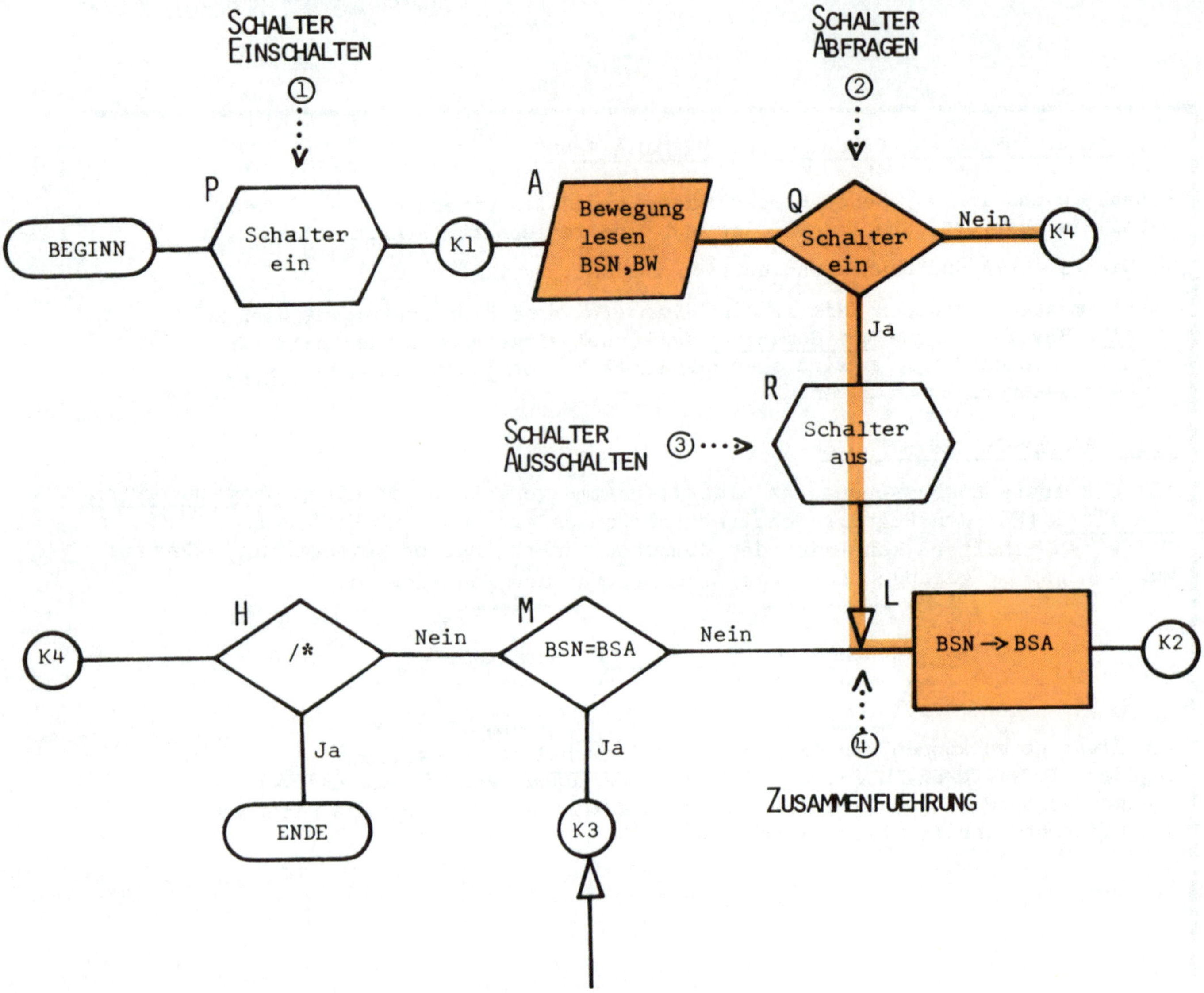

Der untere Teil des Blockdiagramms von der vorletzten Seite bleibt unverändert.

AUFGABE Versuchen Sie jetzt Ihr Meisterstück!

Beheben Sie die fehlerhafte Stelle des Blockdiagramms. Lesen Sie nochmals Kapitel 3.2. Ueberlegen Sie sich die Lösungsmöglichkeiten. Zu einer Verbesserung des Programmablaufplanes führt oft eine ganz einfache Umorganisation des Blockdiagramms.

3.4. ANWENDUNG DES SCHALTERS

Wir haben die fragwürdige Stelle eben ausgebessert. Gleich nach dem Beginn schalten wir den Schalter ein ①. Der erste Bewegungssatz wird eingelesen. Wir müssen jetzt direkt zum Block L übergehen, da wir noch keine Nummer im BSA haben. Wir überspringen also die Blöcke H und M mit Hilfe der Abfrage im Block Q, d.h. mit der Frage, ob der Schalter ein- oder ausgeschaltet ist. ②
Er ist aber eingeschaltet, das haben wir im Block P veranlasst.

Beim zweiten und bei den weiteren Bewegungssätzen dürfen wir aber die Blöcke H und M nicht mehr überspringen. Der zweite Datensatz oder irgendeiner der weiteren Datensätze kann doch der Schlussatz sein. Ausserdem brauchen wir schon beim zweiten Bewegungssatz den Block M zum Feststellen, ob der Schlüssel noch immer der gleiche ist, oder ob er sich nicht verändert hat. Deswegen müssen wir auf dem Zweig Ja vom Block Q den Schalter ausschalten ③.

Der Arbeitsablauf kommt nie wieder zum Block P und der Schalter bleibt also immer aus. Folglich werden die Blöcke H und M - mit Ausnahme des ersten Bewegungssatzes - nie wieder übersprungen.

ZUSATZINFORMATION

Beachten Sie bitte, dass wir die Ablauflinie vom Block R zum Block L ohne Konnektor mit jener vom Block M zum Block L zusammenführen ④. Dies ist in der Regel erlaubt.

NOTIZEN

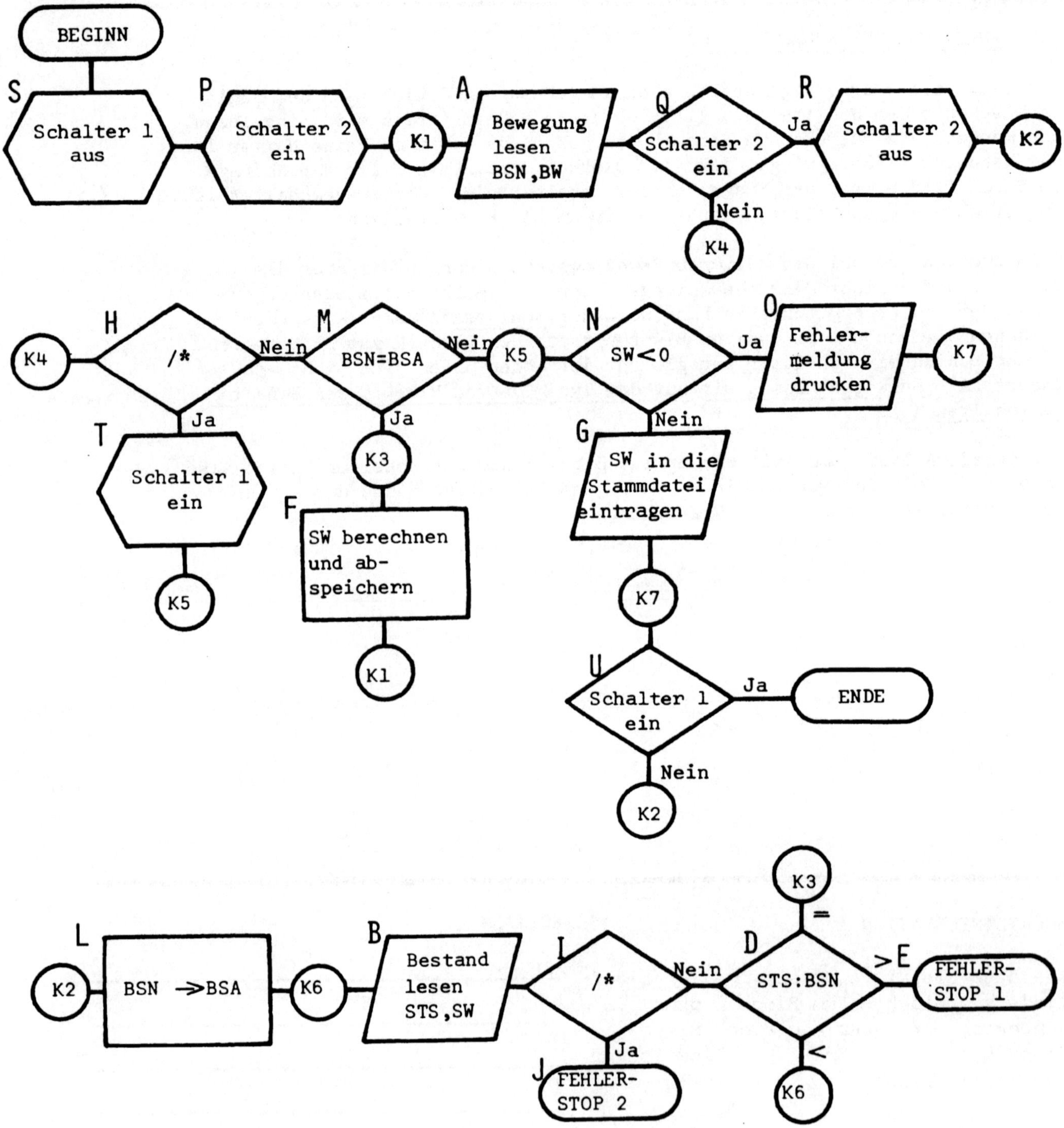
BEGINN
S
Schalter 1 aus
P
Schalter 2 ein
K1
A
Bewegung lesen BSN,BW
Q
Schalter 2 ein
Ja
Nein
K4
R
Schalter 2 aus
K2
K4
H
/*
Nein
Ja
T
Schalter 1 ein
K5
M
BSN=BSA
Nein
Ja
K3
F
SW berechnen und ab-speichern
K1
K5
N
SW<0
Ja
Nein
O
Fehler-meldung drucken
K7
G
SW in die Stammdatei eintragen
K7
U
Schalter 1 ein
Ja
ENDE
Nein
K2
K2
L
BSN →BSA
K6
B
Bestand lesen STS,SW
I
/*
Nein
Ja
J
FEHLER-STOP 2
K3
=
D
STS:BSN
>E
FEHLER-STOP 1
<
K6

3.5. OPTIMIERTE LOESUNG

Untersuchen wir nun gemeinsam, was die nebenstehende Lösung bringt. Wir starten beim Symbol BEGINN.

1. Der programmierte Schalter 1 wird ausgeschaltet. Wir werden ihn erst später brauchen.
2. Der programmierte Schalter 2 wird eingeschaltet. Der Computer merkt sich also, dass er jetzt den ersten Bewegungssatz lesen wird.
3. Dies macht er im Block A.
4. Nun fragt er, ob Schalter 2 in der Position EIN ist. Er ist ein. Deswegen schalten wir ihn aus und der Computer wird sich jetzt merken: Der nächst eingelesene Bewegungssatz ist nicht mehr der erste. Nach dem Ausschalten des programmierten Schalters 2 im Block R springen wir anhand des Konnektors K2 direkt zum Block L.
5. Im Block L speichern wir den eingelesenen Schlüssel BSN auf dem Speicherplatz BSA, Bewegungs-Schlüssel alt.
6. Nun lesen wir den ersten Satz aus der Stammdatei. Die Schlussfrage im Block I wird offensichtlich mit NEIN beantwortet.
7. Block D: Wenn der Schlüssel der Stammdatei kleiner ist, als der Schlüssel der Bewegungsdatei, müssen wir mit dem Einlesen des neuen Satzes warten und so lange aus der Stammdatei lesen, bis wir die Gleichheit der Schlüssel erzielt haben. Das ist der Weg: Block D - Konnektor K6 - Blöcke B, I, D.
8. Wenn der Schlüssel der Stammdatei grösser ist als der Schlüssel der Bewegungsdatei, liegt ein Fehler vor.
9. Wenn beide Schlüssel übereinstimmen, fahren wir via Konnektor K3 nach Block F zur Berechnung des neuen Wertes für die Stammdatei und speichern den errechneten Wert ab.
10. Nun lesen wir im Block A den nächsten Bewegungssatz ein. Der Schalter 2 ist jetzt aus. Wir fahren also auf Zweig NEIN via Konnektor K4 zum Block H weiter. Wenn es kein Schlussatz war, fragen wir im Verzweigungsblock M ab, ob die neu eingelesene Schlüsselnummer die gleiche ist, wie die Vorherige. Bei Antwort JA ändern wir den Wert für die Stammdatei und speichern ihn wieder ab. Anschliessend lesen wir den nächsten Bewegungssatz ein. Siehe Anfang Punkt 10. Bei Antwort NEIN fragen wir den abgespeicherten neuen Wert für $SW < 0$ ab. Normalerweise ist er nicht negativ. In dem Falle tragen wir den Wert unter Block G in die Stammdatei ein.
11. Ist der neue Wert für die Stammdatei negativ, liegt sehr wahrscheinlich ein Fehler vor. Die Summe der Abgänge ist grösser als die Summe des Anfangsbestandes und aller Zugänge. Deswegen wollen wir Block G durch das Drucken eines Hinweises ersetzen, der besagt, dass etwas nicht stimmt.
12. Nun folgt der Entscheid, ob der Arbeitsablauf fortgesetzt werden soll oder nicht. Diesem Zweck dient der Block T auf dem Zweig JA vom Block H. Der Schalter 1 im Block U ist nur in dem Falle eingeschaltet, wenn schon alle Bewegungskarten eingelesen worden sind. Nur dann wird Block T durchlaufen. Beachten Sie bitte auch Block S, der für das Ausschalten des Schalters 1 am Anfang des Arbeitsablaufes sorgt.

4. Uebungsteil

4.1. EINLEITUNG ZUM UEBUNGSTEIL

Auf den nächsten Doppelseiten finden Sie verschiedene Aufgabenstellungen, die Ihnen helfen sollen, das bis dahin erlernte noch weiter zu festigen. Jede Aufgabe gliedert sich in vier Teile.

Die Aufgabenstellung erläutert Ihnen die zu lösende Aufgabe. Die Analyse weist Sie auf die wichtigsten Punkte hin,die Sie bei der Konzeption Ihrer Lösung berücksichtigen sollen. Die Blockdiagrammlösung zeigt die von uns ausgewählte Lösungsvariante. Sie stellt jeweils nur eine von verschiedenen Möglichkeiten dar. Die Beschreibung der Lösung erklärt Ihnen anhand einer Simulationstabelle oder in verbaler Form den Aufbau und die Funktion unserer Lösung.

Und noch etwas: Widmen Sie dem Suchen Ihrer Lösung genügend Zeit! Wenn Sie Ihre Lösung erarbeitet haben, schauen Sie sich unsere Lösung an und vergleichen Sie. Viel Erfolg!

4.2. AUFGABEN

4.2.1. Aufgabe 1 (selektiertes Verarbeiten)

a) Aufgabenstellung

Es steht uns ein Lochkartenstapel zur Verfügung. In diesen Lochkarten sind unter anderem enthalten

- die Artikelnummer
- der Ist-Bestand
- der Soll-Bestand.

Alle jene Artikel müssen gedruckt werden, bei denen der Ist-Bestand um mehr als 20% niedriger ist als der Soll-Bestand. Auf der Aufgabenliste sollen ausser der Artikelnummer auch der Ist-Bestand, der Soll-Bestand und die Abweichung erscheinen.

b) Analyse der Aufgabe

Bezeichnen wir die Artikelnummer mit N, den Ist-Bestand mit IB, den Soll-Bestand mit SB und die Abweichung mit A.

Der Wert A wird durch die Formel

$$A = SB - IB$$

berechnet.

Der Kern der Aufgabe liegt beim Entscheid, ob die Abweichung grösser ist als 20% des Soll-Bestandes. Wenn also

A durch SB grösser ist als 0,2

werden wir drucken. Wenn die obige Bedingung nicht erfüllt ist, wird die Karte abgelegt.

c) Blockdiagrammlösung

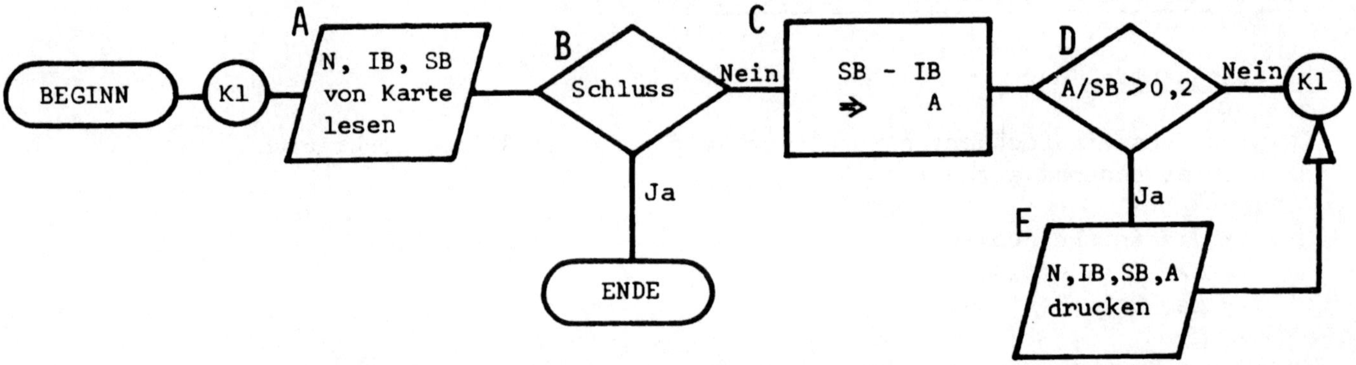

d) Beschreibung der Lösung

Zuerst wird Block D gezeichnet. Hier entscheiden wir uns, ob eine Zeile gedruckt werden soll oder nicht. Wenn nicht, fahren wir via Konnektor Kl beim Lesen weiter. Das Ablegen der Karte erfolgt automatisch.

Wir zeichnen jetzt also Block E und den Ausgang zum Konnektor Kl.

Um die Bedingung A durch SB grösser als 0,2 bewerten zu können, müssten wir die Abweichung A berechnen. Wir zeichnen also Block C.

Jetzt sollten wir Eingabeblock A und Konnektor Kl aufzeichnen. Ueberlegen wir uns aber, dass wir nach dem Lesen den Arbeitsabschluss überprüfen müssen. So kommt zuerst Block B, dann Block A und Konnektor Kl. Mit Ausnahme von BEGINN und ENDE sind wir mit dem Blockdiagramm fertig.

Bemerkung:

Die Abfrage nach Schlusskarte wird von den moderneren Computern - in Zusammenhang mit den Eingabeoperationen - automatisch durchgeführt. Es wird dabei ein "SCHALTER" gesetzt, der durch eine einfache Operation im Programm abgefragt werden kann.

4.2.2. Aufgabe 2 (Verarbeitung auf Datensatzebene)

a) Aufgabenstellung

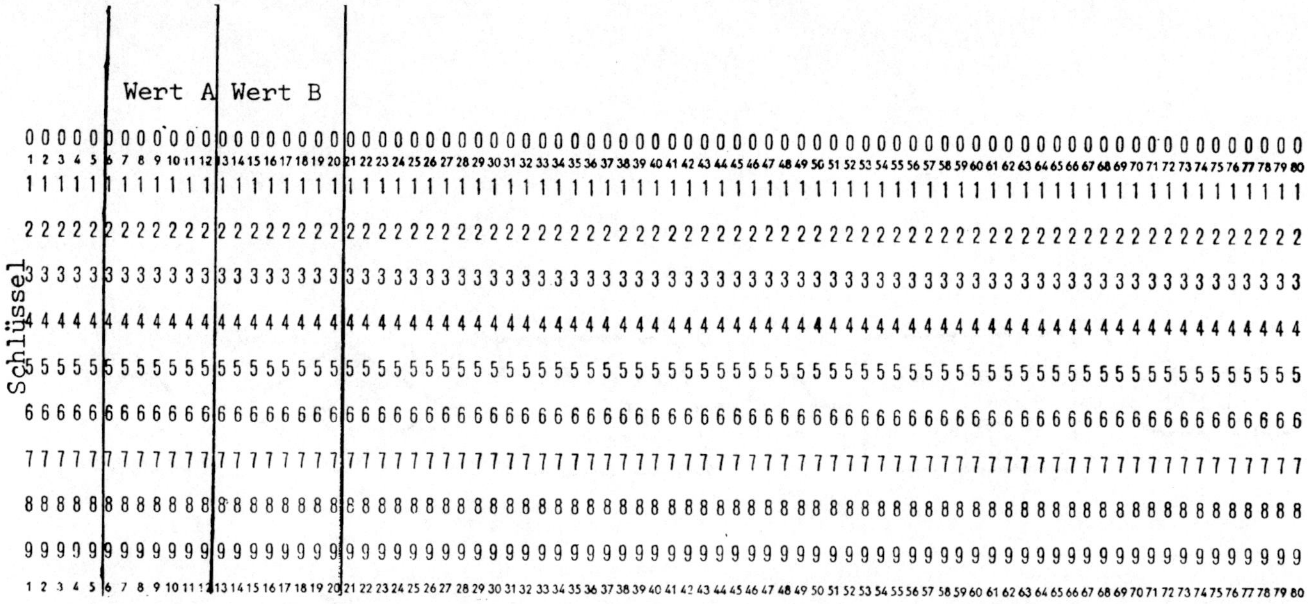

Von jedem Schlüssel ist nur eine Lochkarte, im Stapel. Die Anzahl der Lochkarten ist uns nicht bekannt. Das Beenden des Verarbeitungsablaufes nach der letzten Karte klammern wir aus der Aufgabenstellung aus.

Von allen Karten ist der Schlüssel und der Wert A zu drucken. Wert B wird nur gedruckt, wenn er kleiner ist als Wert A.

Ausserdem soll man die Summe aller Werte A und der gedruckten Werte B berechnen und am Ende der Ausgabeliste drucken.

b) Analyse der Aufgabe

Bezeichnungen:

M.... Schlüssel
A.... Wert A
B.... Wert B
SA.... Summe der Werte A
SB.... Summe der gedruckten Werte B

Verzweigungen: Die Karten, bei welchen B kleiner ist als A, müssen gesondert behandelt werden. Es ist also ein Verzweigungsblock "B kleiner als A?" einzubauen. Auf dem Wege "JA" muss ausser M und A auch der Wert B gedruckt und aufsummiert werden. Auf dem Zweig "NEIN" ist bloss der Schlüssel und der Wert A zu drucken.

Vorsicht: Der Wert A ist immer zu summieren. Der Block "SA + A nach SA" muss also auf dem gemeinsamen Wege liegen.

Kern: Verzweigung, Drucken und Aufsummieren.

c) Blockdiagrammlösung

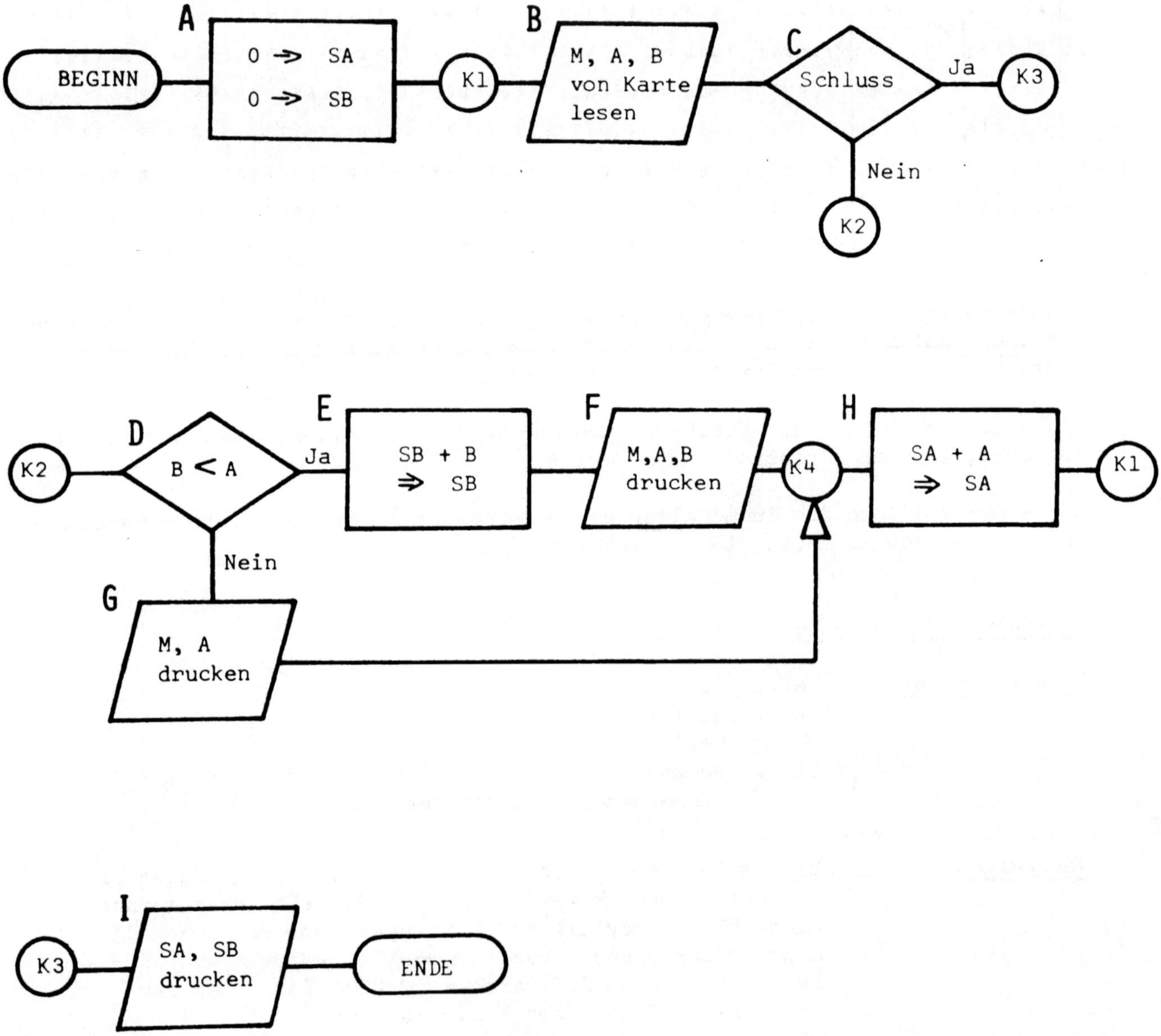

d) Beschreibung der Lösung

Testeingabe: 1. Karte: M = 1, A = 10, B = 15
2. Karte: M = 2, A = 20, B = 5
3. Karte: Schlusskarte

Testausgabe:	M	A	B
	1	10	
	2	20	5
Summen:		30	5

Schritt	SA	SB	M	A	B	Entscheide und Ausgabe	Bemerkungen
1.	0	0					Block A
2.			1	10	15		Block B
3.						Schluss ? ... NEIN	Block C, Konnektor K2
4.						15 < 10 ? ... NEIN	Block D, folgt Block G
5.						1 und 10 drucken	Block G, Inhalt von M + A wird gedruckt
6.	10						Block H: 0 + 10 = 10
7.			2	20	5		Block B, 2. Karte
8.						Schluss ? ... NEIN	Block C, Konnektor K2
9.						5 < 20 ? ... JA	Block D, folgt Block E
10.		5					Block E: 0 + 5 = 5
11.						2, 20 und 5 drucken	Block F, Inhalte von M, A und B wird gedruckt
12.	30						Block H: 10 + 20 = 30
13.	Schlusskarte eingelesen						Block B, Schlusskarte
14.						Schluss ? ... JA	Block C, Konnektor K3
15.						30 und 5 drucken	Block I, Inhalt von SA und SB wird gedruckt

Wenn die Verarbeitung zum ersten Male zu Block E gelangt, wäre der Inhalt von SB nicht bekannt. Wir brauchen dort eine Null.

Den Block H könnte man auch zwischen Konnektor K2 und Block D plazieren.

4.2.3. Aufgabe 3 (Verarbeitung auf Dateiebene)

a) Aufgabenstellung

In einem Lochkartenstapel befindet sich eine im voraus unbekannte Anzahl von Lochkarten mit folgender Karteneinteilung:

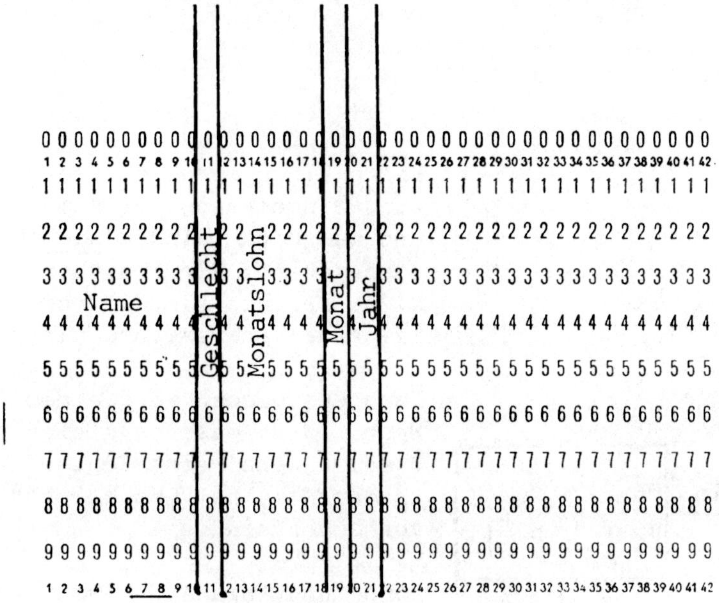

Schlüssel 1 in Kolonne 11 steht für Männer, Schlüssel 2 für Frauen. Wir müssen den durchschnittlichen Lohn der Männer, der Frauen und der beiden Gruppen zusammen berechnen und drucken.

Für jeden Angestellten ist immer nur eine Lochkarte im Lochkartenstapel vorhanden.

b) Analyse der Aufgabe

Bezeichnungen:	G....	Geschlecht (nur 1 oder 2 darf vorkommen)
	L....	Lohn
	L1...	Summe der Löhne für Männer (G = 1)
	N1...	Anzahl der Männer
	D1...	Durchschnittlicher Monatslohn der Männer D1 = L1/N1, also L1 durch N1 dividiert
	L2...	Summe der Löhne für Frauen (G = 2)
	N2...	Anzahl der Frauen
	D2...	Durchschnittlicher Monatslohn der Frauen D2 = L2/N2
	LS...	Summe aller Löhne, LS = L1 + L2
	NS...	Anzahl aller Angestellten, NS = N1 + N2
	DS...	Durchschnittlicher Monatslohn für die Gesamtheit aller Angestellten DS = LS/NS

Verzweigungen: Man muss je nachdem G = 1 oder G = 2 ist verzweigen zum Aufsummieren von L1 und N1 bzw. L2 und N2.

Kern: Verzweigungen und Aufsummieren.

Abschluss: Wir setzen voraus, dass der Arbeitsablauf nach dem Einlesen und Verarbeiten der letzten Lochkarte automatisch zum Abschluss übergeht.

c) Blockdiagrammlösung

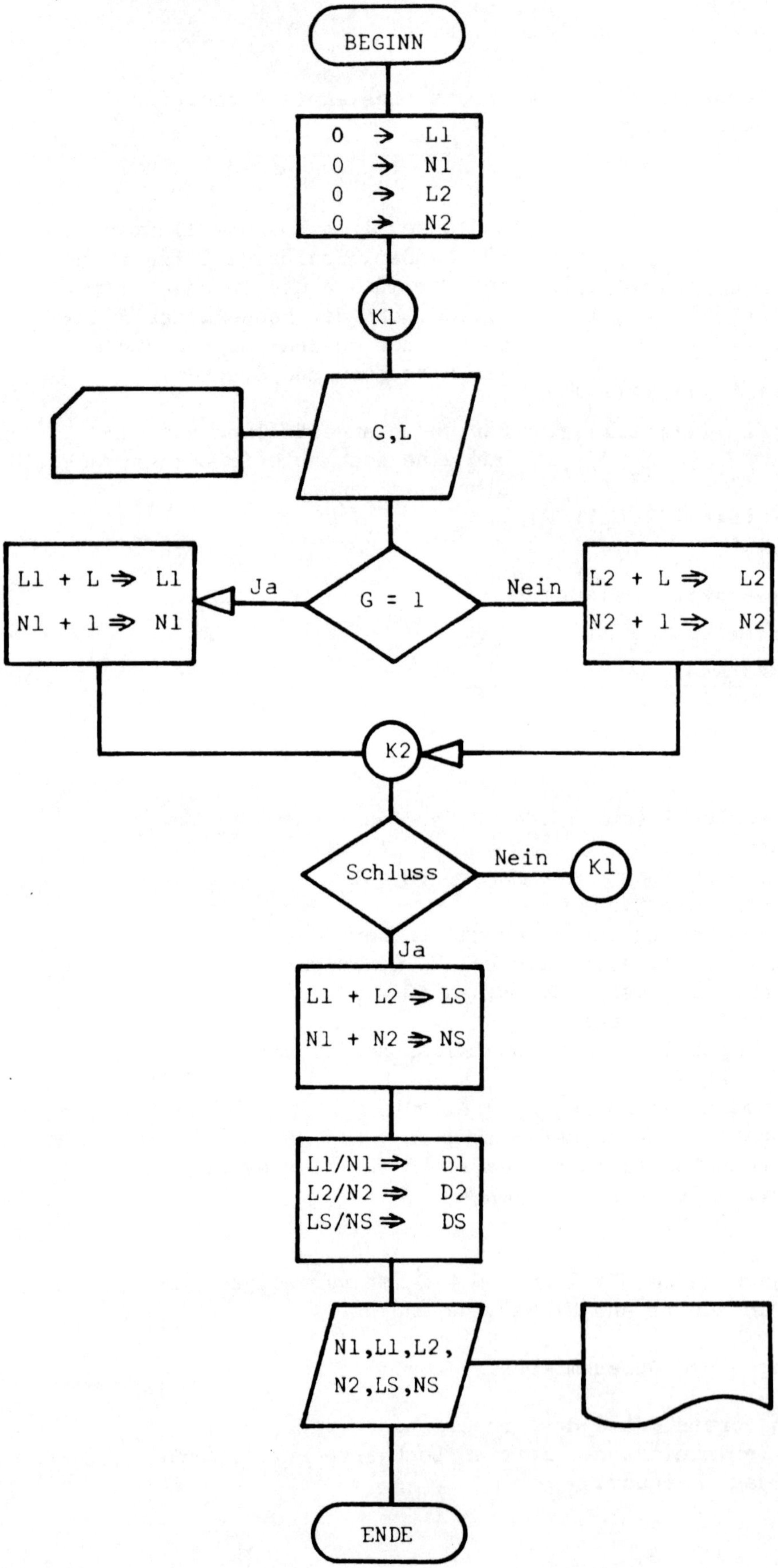

d) Beschreibung der Lösung

Speicherplätze fürs schrittweise Aufsummieren löschen.

Karte eines Angestellten wird eingelesen. Der Name und das Datum werden nicht gespeichert. Wir brauchen diese Angaben für die vorliegende Verarbeitung nicht.

Nach Geschlecht verzweigen. Wenn G ≠ 1, muss es gleich 2 sein, wenn keine Fehler in der Kolonne "Geschlecht" vorhanden sind.

Löhne und Anzahl der Männer und Frauen aufsummieren.

Nachdem die letzte Karte eingelesen und verarbeitet wurde, geht die Maschine automatisch zur Schlussverarbeitung. Sonst wird die nächste Karte eingelesen.

Summen der Löhne und Anzahl der Frauen und Männer werden addiert.

Durchschnitte werden berechnet.

Resultate werden gedruckt.

4.2.4. Aufgabe 4 (Reihenfolgenkontrolle)

a) Aufgabenstellung

Alle Lochkarten in einem gegebenen Lochkartenstapel sind fortlaufend und aufsteigend nummeriert. Diese Ordnungsnummern sind in einem Lochfeld abgelocht. In der ersten Karte ist 1 gelocht, in der zweiten Karte 2 usw. Die Anzahl der Karten ist unbekannt.

Erstellen Sie ein Blockdiagramm für die Kontrolle der aufsteigenden Reihenfolge der Ordnungsnummern. Bei jedem festgestellten Fehler müssen Sie eine Fehlermeldung schreiben. Der Ablauf ist dann frühzeitig abzubrechen, wenn mehr als drei Fehler festgestellt werden.

b) Analyse der Aufgabe

Bezeichnungen:

N... Ordnungsnummer, welche die Wert 1, 2, 3 ... annehmen soll.
I... Zähler der eingelesenen Lochkarten, der die Werte 1, 2, 3 ... fortlaufend annehmen wird.
J... Zähler der festgestellten Fehler

Kern der Aufgabe: Vergleich, ob die eingelesene Ordnungsnummer N mit dem Inhalt des Zählers I übereinstimmt.
Wenn ja, muss weiter gelesen werden.
Wenn nein, muss eine Fehlermeldung gedruckt werden und die Anzahl der Fehler um 1 erhöht werden.

Löschen: Die Speicherplätze für I und J müssen am Anfang des Blockdiagrammes auf Null gesetzt werden.

c) Blockdiagrammlösung

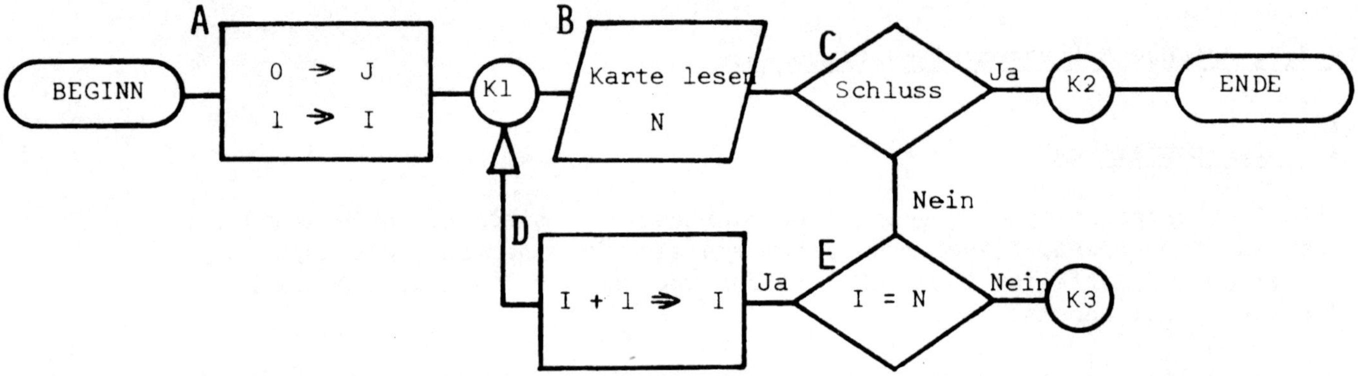

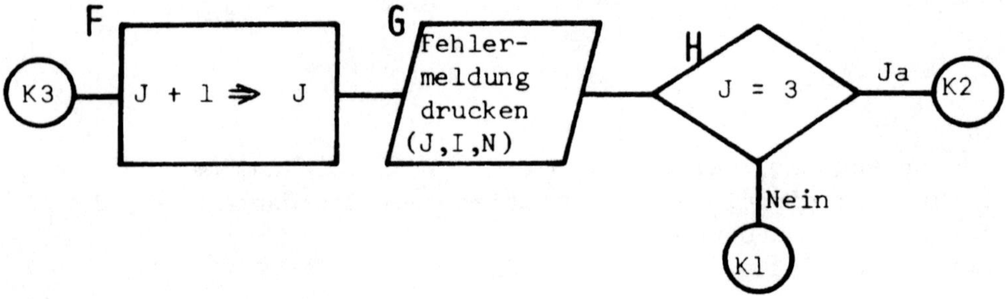

d) Beschreibung der Lösung

Den Block D könnten wir auch zwischen die Blöcke C und E stellen. Allerdings müssten wir dann im Block A eine Null in den Speicherplatz I hineinbringen.

In der Fehlermeldung im Block G drucken wir die bisher festgestellte Anzahl der Fehler J, die erwartete Ordnungsnummer I und die tatsächlich eingelesene Ordnungsnummer N. Nur die tatsächliche Ordnungsnummer zu drucken genügt nicht. Die falsch eingereihte Lochkarte muss gefunden werden, um sie an der richtigen Stelle einzureihen. Dazu ist die Angabe I nützlich. Sie zeigt uns die letzte noch richtig eingereihte Karte.

Wie funktioniert das Blockdiagramm für folgende zwei Testeingaben:

a) N = 1, N = 2, N = 4, N = 5. Die dritte Karte ging verloren, nicht wahr?

b) N = 1, N = 2, N = 4, N = 5, N = 3. Eine Gruppe von Karten wurde falsch eingereiht.

Haben Sie dazu die Simulationstabellen erstellt? Was haben Sie gefunden? Sie konnten gewiss feststellen, dass die Fehlerbehandlung keine einfache Angelegenheit ist. Es wäre zu schwierig für Sie, dieses Problem im Einführungskurs detailliert zu bearbeiten. Erst später bei der Programmierung werden Sie die notwendigen Kenntnisse haben, um auch diese äusserst wichtige Aufgabe zu bewältigen.

SIMULATIONSTABELLE

Testeingabe:

1. Karte N = 1
2. Karte N = 2
3. Karte N = 5 (falsch eingereihte Karte)
4. Karte N = 3
5. Karte N = 4
6. Karte = Schlusskarte

Schritt	J	I	N	Entscheide, Ausgabe
1.	0	1		
2.			1	
3.				Schluss ? ... NEIN
4.				1 = 1 ... JA
5.		2		
6.			2	
7.				Schluss ? ... NEIN
8.				2 = 2 ... JA
9.		3		
10.			5	
11.				Schluss ? ... NEIN
12.				3 = 5 ... NEIN
13.	1			
14.				Fehlermeldung: 1,3,5
15.				1 = 3 ... NEIN
16.			3	
17.				Schluss ? ... NEIN
18.				3 = 3 ... JA
19.		4		
20.			4	
21.				Schluss ? ... NEIN
22.				4 = 4 ... JA
23.		5		
24.				Schlusskarte gelesen
25.				Schluss ? ... JA
26.				ENDE

4.2.5. Lernfortschrittskontrolle

Bevor Sie dieses Heft schliessen, erlauben wir uns die folgenden Fragen:

FRAGE	ANTWORT
1. Können Sie jetzt einfache Blockdiagramme selbständig erstellen?	A. Ja B. Nein
2. Können Sie ohne Schwierigkeiten Blockdiagramme lesen?	A. Ja B. Noch nicht ganz C. Nein
3. Haben Sie einen allgemeinen Ueberblick über die Blockdiagrammtechnik gewonnen?	A. Ja B. Nein

IHRE LOESUNG

1.	2.	3.
○	○	○

VON UNS ERWARTETE LOESUNG

1.	2.	3.
(B)	(B)	(A)

SCHLUESSEL ZU DIESER SEITE

AAA Sie sind einfach ein Wunderkind. Gratuliere!

BAA Unser aufrichtiges Kompliment! Unser Ziel war ja das Wichtigste über die Blockdiagrammtechnik zu erfahren. Blockdiagramme erstellen, das braucht viel Uebung und Zeit.

BBA Sie können zufrieden sein. Das Ziel wurde erreicht.

BCA Es ist nicht schlimm. Trotzdem möchten wir Ihnen eine Repetition ab Kapitel 2.1. empfehlen.

BCB Sie dürfen nicht so bescheiden sein. Vergleichen Sie Ihr Wissen über die Blockdiagramme jetzt und vor vierzehn Tagen! - Schauen Sie sich aber trotzdem nochmals den Stoff ab Kapitel 1.1. an.

5. Antworten und Lösungen

SEITE	FRAGE	SCHLUESSEL/ANTWORT
18	1.	B. 3 mal über (K1), 1 mal zu "WEINE".
	2.	A oder B. Siehe Zusatzinformation.
	3.	A.
22	1.	A.
	2. a)	B. Eine Lochkarte: 3 Blöcke Zehn Lochkarten: 3 x 10 = 30 Blöcke
	2. b)	A. Die Anzahl der Blöcke bleibt für jede Anzahl Lochkarten gleich.
24	1.	V.
	2.	L. "In welchem Verhältnis steht der Wert von A zum Wert von B?". Die Antworten "JA" oder "NEIN" sind blödsinnig.
	3.	L. Was passiert, wenn A = B ist?
	4.	V.
26	1.	Entscheidet automatisch über das Bestellwesen.
	2.	1101 = 1000 Eingabeoperationen + 100 Ausgabeoperationen (10% von Eingabe) + 1 Schlusskarte.
	3.	2001 = 1001 Fragen nach Schlusskarte + 1000 Entscheide-B : MIN
	4.	100 (10% aller Artikel sind bestellreif)
29	1 a)	Nein
	1 b)	Wenn sich keine Lochkarte mehr im Eingabemagazin des Kartenlesers befindet. Die Maschine muss laut Blockdiagramm nach dem Drucken einer Zeile immer zum Befehl "Kartenlesen" zurückkehren. Findet sie keine Karte mehr, stoppt sie und ruft die Bedienung zu Hilfe. Der Operator muss feststellen, aus welchem Grunde die Maschine anhält. Das kostet Zeit und viel Geld, da die Maschinenzeit teuer ist.

SEITE	FRAGE	SCHLUESSEL/ANTWORT
29	1 c)	

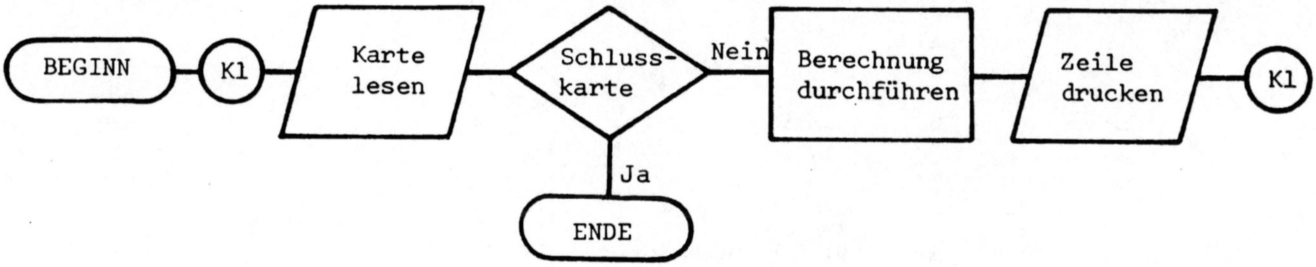

29	2.	Nein. Bei B = 0 stoppt die Maschine und der Operator muss die Ursache ausfindig machen. Wir sollten die Verarbeitung gegen allfällige Störungen und Fehler sichern. In unserem Fall z.B. auf diese Weise:

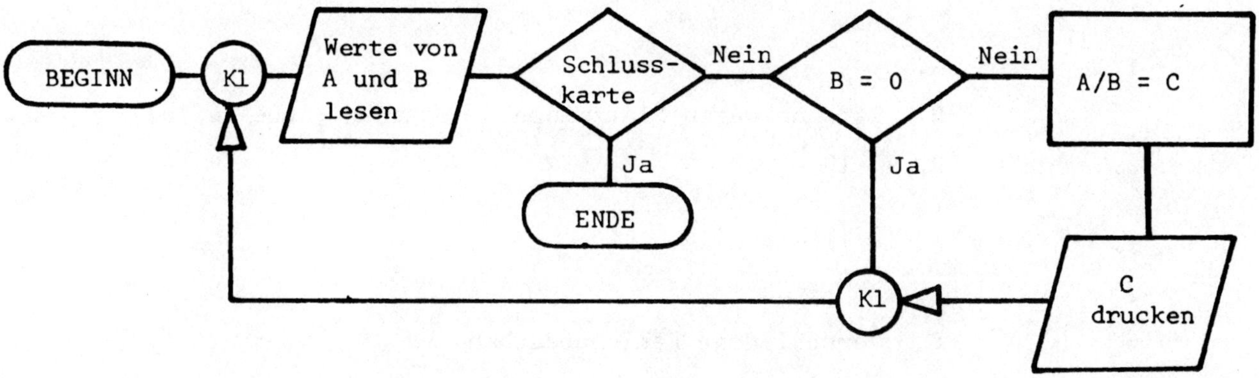

29	3.	I : Falsch, ein Operationsblock darf <u>nie mehrere</u> Ausgänge haben, Verzweigungen darf man nur anhand einer Frage, also durch einen Verzweigungsblock angeben.
		J : Falsch, über den Ein- und Ausgabeblock gilt dasgleiche wie über den Operationsblock - siehe I.
		M : Falsch, ein Verzweigungsblock muss mindestens zwei Ausgänge haben, sonst gäbe es keine Entscheidung.
		N : Falsch, die Eingänge von J und M sollten über einen gemeinsamen Konnektor angegeben werden.
30	1.	A.
	2.	B. Der Inhalt von "N" wird erst im 9. Schritt erhöht (auf 3)
	3.	B.

SEITE	FRAGE	SCHLUESSEL/ANTWORT
34	1.	C. "Rasch"?. Logik muss vor dem Zeichnen untersucht und grob festgelegt werden.
	2.	A.
36	1.	B.
	2.	B.
38	1.	190, 60, 70, 600, 20
	2.	C.
40	1.	B. Erst muss der Schlüssel der Bewegungsdatei bekannt sein. Dann wird die Stammdatei bis zum gleichen Schlüssel gelesen.
	2.	A.
42	1.	A.
	2.	B. Ist nur wegen Platzmangel vorhanden (neue Zeile)
	3.	2, 9, 13
48	1.	A.
	2.	B.
	3.	B. Verschiedene Fehlerursachen
	4.	A.

1. Das Blockdiagramm aus der Sicht der Normierung

1. DAS BLOCKDIAGRAMM AUS DER SICHT DER NORMIERUNG

Vergleichen wir die normierte Programmstruktur mit der allgemeinen Programmstruktur, so fällt uns auf, dass die normierte Darstellung mehr Programmblöcke aufweist. Natürlich machen wir die in den Programmblöcken aufgeführten Tätigkeiten auch in der allgemeinen Programmstruktur, nur nicht immer in derselben Reihenfolge oder nicht immer an derselben Stelle. Zum Beispiel Programme mit mehreren Eingabedateien und/oder mehreren Gruppenstufen benötigen eine eigentliche Dateisteuerung.

Oft wird die Dateisteuerung und die eigentliche Datenverarbeitung in einer problemspezifischen Reihenfolge dargestellt. Daraus folgt, dass das Blockdiagramm und in der Folge auch das Programm unübersichtlich wird. Aenderungen lassen sich häufig nur mit grossem Aufwand (und vielen Schaltern) einfügen.

Die Normierung in der Programmierung ermöglichte eine einheitliche Daten- und Dateisteuerung. Durch die feste Zuordnung der Tätigkeiten zu den Programmblöcken bleibt die Logik des Blockdiagramms eines Programmblockes in verschiedenen Programmen gleich. Ein normiertes Programm ist nicht bedingungslos ein optimales Programm. Es ist jedoch ein optimal verständliches Programm, wenn man sich an die Regeln hält. Welches sind aber die Regeln? Sind es wirklich Normen? Tatsache ist, dass es heute mehrere Systeme gibt. Die meisten sind zwar sehr ähnlich oder unterscheiden sich nur durch unwesentliche Details. Die Logik und die Blockdiagramme eines dieser Systeme wollen wir anhand von Beispielen näher untersuchen.

ZUSATZINFORMATION

Besonders raffinierte Programmlösungen machen Programme nur unübersichtlich. Findet sich in solch einem Programm der Programmierer selbst später (bei Programmänderungen etc.) kaum zurecht, ist dies für andere fast unmöglich. Was dies bei Abwesenheit des Programmierers (Krankheit, Firmawechsel etc.) bedeutet, kann man sich leicht vorstellen.
Ein guter Programmierer zeichnet sich durch Gliederung seiner Programme nach logischen und funktionellen Gesichtspunkten aus. Die normierte Programmierung unterstützt ihn dabei wesentlich.

NOTIZEN

Normierte Programmstruktur

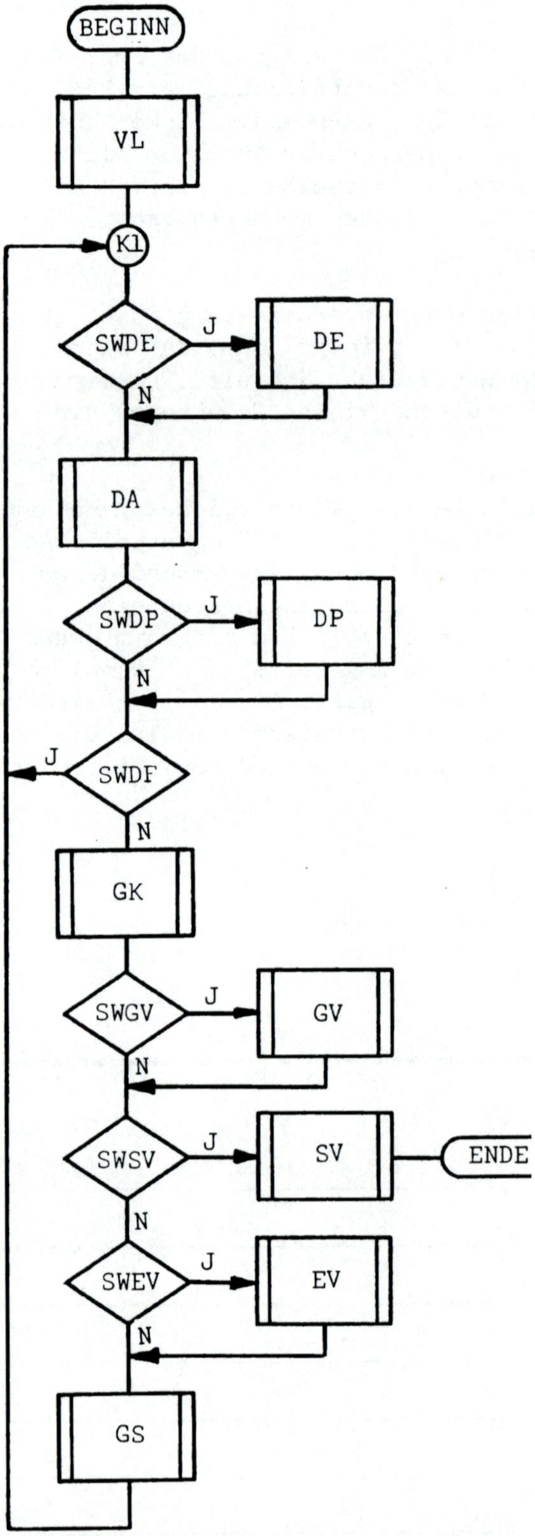

Vorlauf ①

Datei - Eingabe ②

Datei - Auswahl ③

Datei - Prüfung ④

Gruppen - Kontrolle ⑤

Gruppen - Verarbeitung ⑥

Schluss - Verarbeitung ⑦

Einzel - Verarbeitung ⑧

Gruppen - Sicherung ⑨

2. DIE PROGRAMMBLOECKE DER NORMIERTEN PROGRAMMIERUNG

In der normierten Programmierung unterscheiden wir zwei Grundtypen von Programmblöcken:

a) Programmblöcke, welche bedingungslos aufgerufen werden. Zu dieser Gruppe gehören vier Blockarten.

b) Programmblöcke, welche bedingungsabhängig aufgerufen werden. In dieser Gruppe sind fünf Blockarten vorhanden.

Bezeichnen wir die Blöcke einfachheitshalber mit zwei Buchstaben nach ihrer Haupttätigkeit. Dort wo mehr als ein Block mit derselben Bezeichnung möglich ist, hängen wir eine Nummer an.

Gruppe a)

Der erste Programmblock

VORLAUF = VL ① kommt nur am Anfang des Programmes vor.

Die anderen drei Blöcke dienen der Steuerung.

DATEIAUSWAHL	= DA	③
GRUPPENKONTROLLE	= GK	⑤
GRUPPENSICHERUNG	= GS	⑨

Diese drei Blöcke sind in der Hauptschlaufe des Programmes. Sie werden bei jedem Datensatz durchlaufen.

Bei sehr einfachen Programmen mit nur einer Eingabedatei kann die Dateiauswahl wegfallen.

Gruppe b)

DATEIEINGABE	= DE	②
DATEIPRUEFUNG	= DP	④
GRUPPENVERARBEITUNG	= GV	⑥
EINZELVERARBEITUNG	= EV	⑧
SCHLUSSVERARBEITUNG	= SV	⑦

Kommen die Programmblöcke DE, DP und EV in einem Programm nur einmal vor, können sie ebenfalls bedingungslos angesteuert werden; in jedem anderen Fall nur bedingungsabhängig.

Der Block SV bildet den Gegenpol zum Vorlauf (VL). Wie dieser, wird er nur einmal in einem Programmablauf ausgeführt, jedoch in Abhängigkeit eines Schalters (SWSV).

Die Programmblöcke werden in der Regel als Unterprogramme geschrieben. Der Aufruf dieser Unterprogramme erfolgt aus einem zentralen Programmteil, den wir hier Steuerleiste nennen. Die Steuerleiste wird in Kapitel 3.9 noch ausführlicher behandelt.

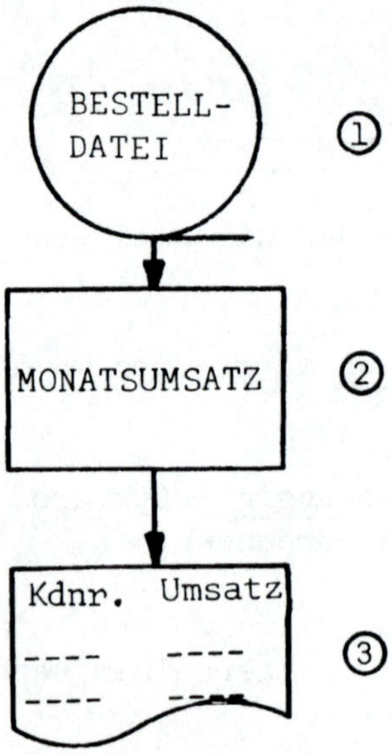

DATENSATZ DER BESTELLDATEI

SA	KUNDEN-NR	BETRAG	BONUS	SKONTO	DATUM

Muster der Ausgabe

23541	24345.00
27000	11241.50
28130	9791.00
.	.
.	.
.	.

Monatsumsatz = 547924.00

FRAGE	ANTWORT	IHRE LOESUNG
Was ist eine Steuerleiste?	A. Der zentrale Steuerteil eines Programmes B. Die Schalter eines Programmes C. Die Programmblöcke	○

3. BEISPIEL MONATSUMSATZ

Als einfaches Beispiel nehmen wir hier das Erstellen einer Monatsumsatz-Statistik.

Eingabe: Als Eingabedatei dient uns die Bestelldatei eines Monats (1). Die Daten sind aufsteigend sortiert nach Kundennummer.
Der einzelne Datensatz enthält ausser der Kundennummer noch einen Fakturabetrag, welchen wir benötigen. Die restlichen Informationen sind für uns ohne Bedeutung.
Pro Kundennummer können mehrere Datensätze vorkommen.

Verarbeitung: (2) Bilden des Gesamtumsatzes pro Kundennummer durch Addition der Fakturabeträge.
Die Gesamtumsätze aller Kunden werden zu einem Monatsumsatz aufaddiert.

Ausgabe: Pro Kunde wird eine Zeile gedruckt mit Kundennummer und Gesamtumsatz des Kunden (3).

Der Monatsumsatz wird als letzte Zeile mit einer Leerzeile zum letzten Kundenumsatz ausgedruckt.

NOTIZEN

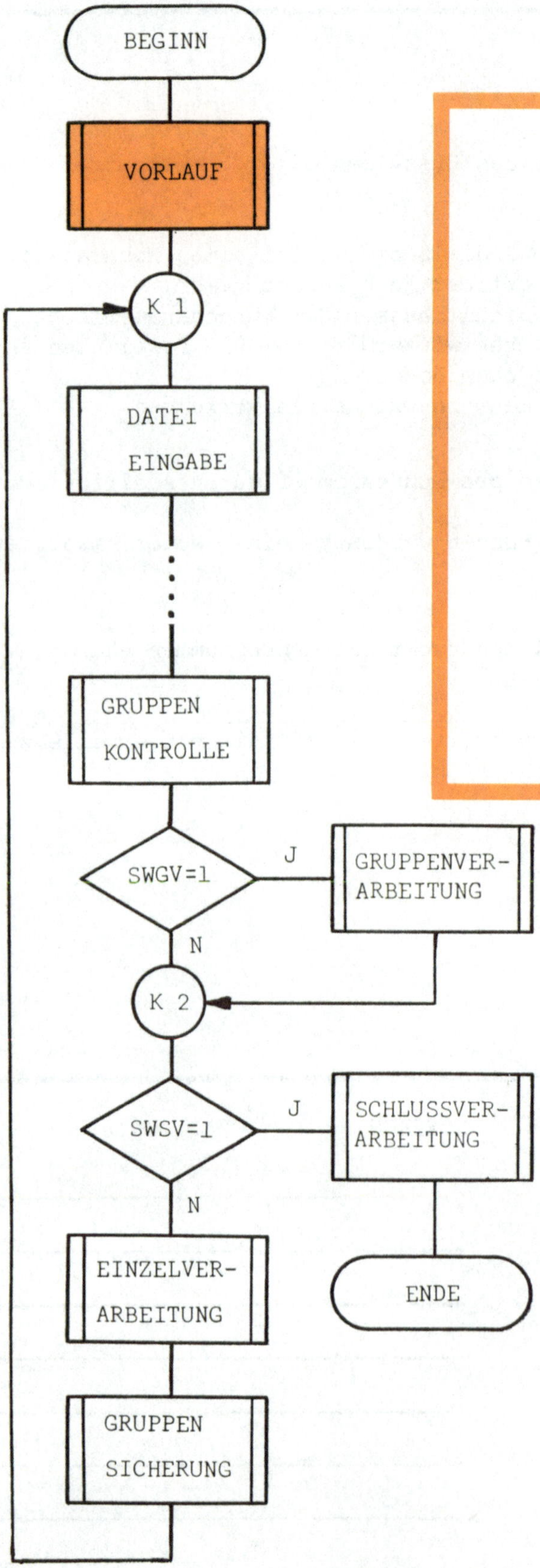
BEGINN
VORLAUF
K 1
DATEI
EINGABE
GRUPPEN
KONTROLLE
SWGV=1
J
N
GRUPPENVER-
ARBEITUNG
K 2
SWSV=1
J
N
SCHLUSSVER-
ARBEITUNG
ENDE
EINZELVER-
ARBEITUNG
GRUPPEN
SICHERUNG

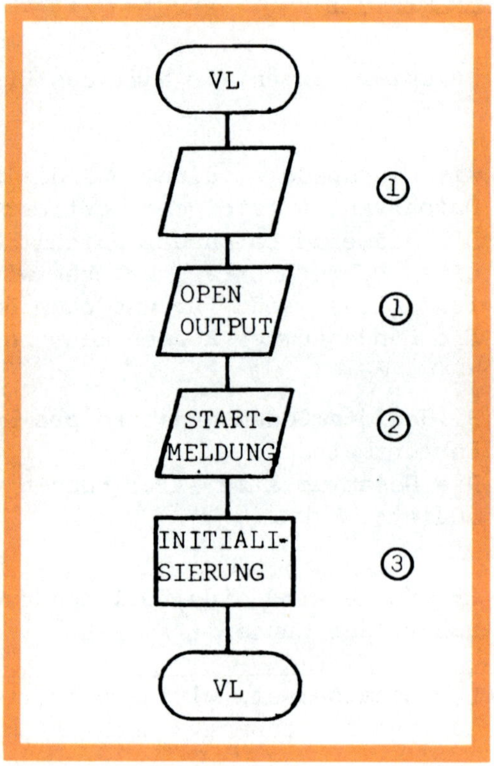
VL
1
OPEN
OUTPUT
1
START-
MELDUNG
2
INITIALI-
SIERUNG
3
VL

3.1 DER VORLAUF

Der Vorlauf setzt sich auch hier aus den Tätigkeiten

a) Oeffnen der Dateien ①

b) Startmeldung ausgeben ②

c) Initialisierung ③

d) Parameter-Karte einlesen und testen

zusammen.

Nun fragen Sie vielleicht, was ist eine Parameter-Karte? Eine Parameter-Karte ist ein Datensatz, welcher Angaben für die Initialisierung und die Ablaufsteuerung enthält.

Natürlich braucht nicht jedes Programm eine Parameter-Karte, aber falls eine verwendet wird, muss sie im Vorlauf gelesen werden.

Es kann auch vorkommen, dass ein Programm mehrere Parameter-Karten als Eingabe benötigt. In einem solchen Falle würde das Einlesen in einem Unterprogramm erfolgen. Im Vorlauf würde z.B. nur der Befehl "PERFORM UP-PARAMETER" stehen, UP-PARAMETER wäre der Name des Unterprogrammes. Allgemein werden den Unterprogramm-Namen die Buchstaben 'UP' vorangesetzt. Solche UP's werden immer von Programmblöcken, aber nie von einer Steuerleiste aufgerufen.

ZUSATZINFORMATION

Mit Hilfe einer Parameter-Karte kann z.B. das Tagesdatum oder eine Verarbeitungsperiode dem Programm mitgeteilt werden. Ebenso kann mit einer oder mehreren Parameter-Karten eine Titelzeile eingegeben werden.

NOTIZEN

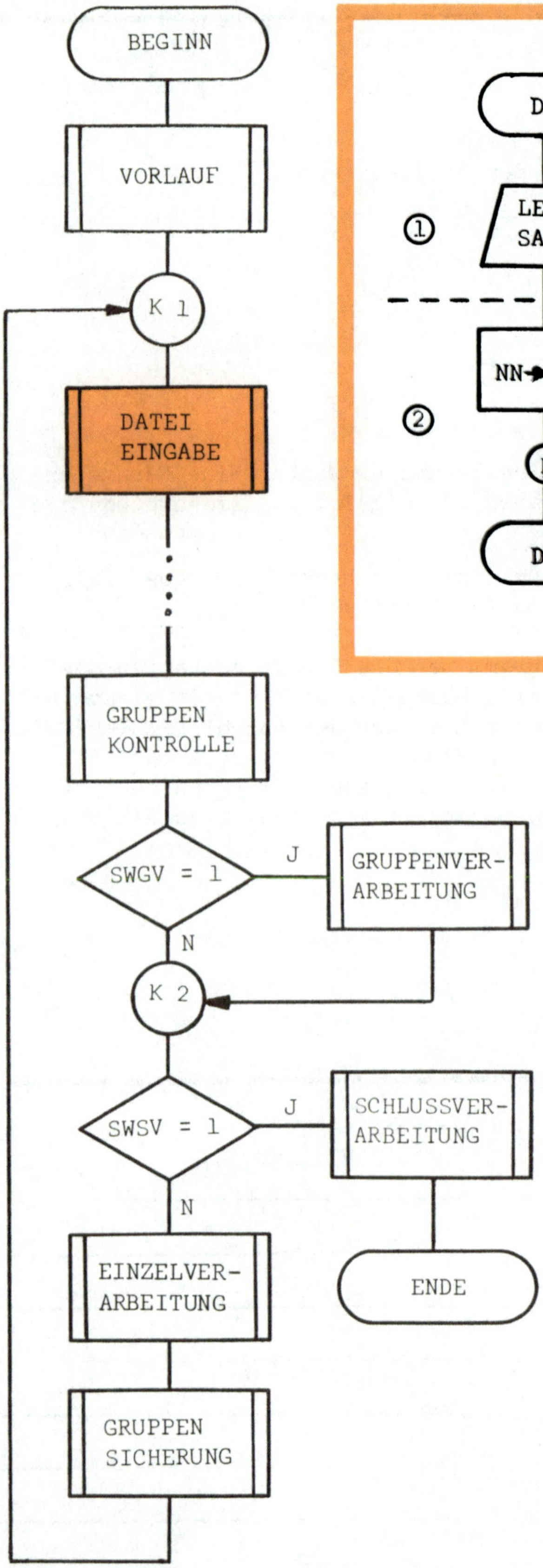
BEGINN
VORLAUF
K 1
DATEI EINGABE
GRUPPEN KONTROLLE
SWGV = 1
J
N
GRUPPENVER-ARBEITUNG
K 2
SWSV = 1
J
N
SCHLUSSVER-ARBEITUNG
ENDE
EINZELVER-ARBEITUNG
GRUPPEN SICHERUNG

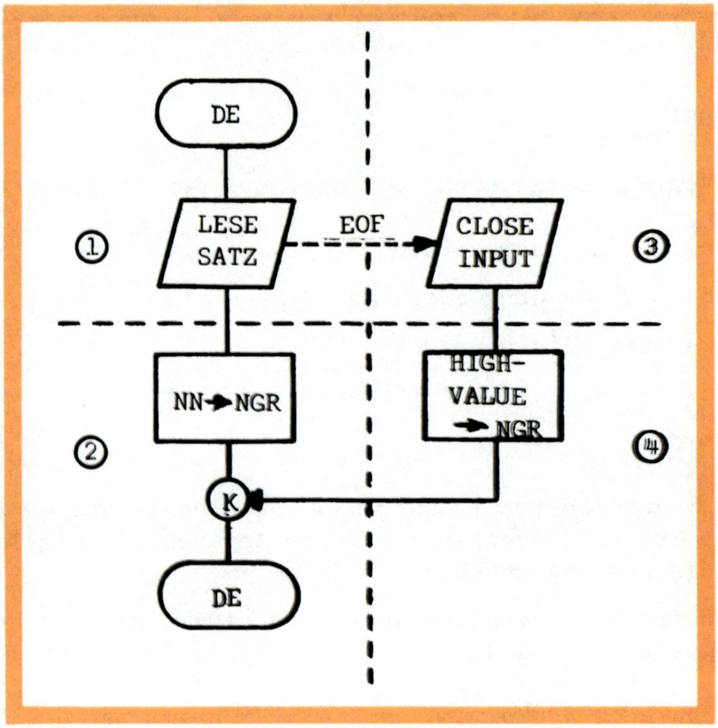
DE
LESE SATZ
EOF
CLOSE INPUT
①
③
NN→NGR
HIGH-VALUE →NGR
②
④
K
DE

3.2 DIE DATEIEINGABE

Hier beginnt die Normierung bereits spürbar Form anzunehmen.

Für jede Eingabedatei wird ein solcher Programmblock gebildet. Jeder Programmblock Dateieingabe besteht im Minimum aus folgenden vier Tätigkeiten:

a) Lesen eines Satzes von der Eingabe-Datei. ①

b) Auffüllen des Gruppenbegriffes für die Gruppenkontrolle. ②

c) Bei EOF (End of File = Dateiende) schliessen der dem Programmblock zugeordneten Eingabe-Datei. ③

d) Auffüllen des Gruppenfeldes mit dem höchsten vom Computer darstellbaren Wert bei EOF. In Cobol heisst dieser Wert High-Value. ④

NGR ist in unserem Beispiel ein Zwischenspeicher für den Gruppenbegriff.

Muss bei einer Eingabe-Datei eine Plausibilitätsprüfung gemacht werden, so erfolgt diese in der Regel nach dem Satz-Lesen in einem Unterprogramm.

3.3 DIE DATEIAUSWAHL

Da wir hier nur eine Datei als Eingabe haben, kann der Programmblock Datei-Auswahl entfallen. Wir werden uns jedoch im Kapitel 4.2 DATEI-AUSWAHL mit diesem Programmblock noch beschäftigen.

ZUSATZINFORMATION

Eventuelle Unterprogramm-Aufrufe müssen vor dem Konnektor K ② eingefügt werden, ansonst bei der EOF-Bedingung dieses Unterprogramm nochmals angesprochen wird, obwohl keine weiteren prüfbaren Daten eingelesen wurden.

NOTIZEN

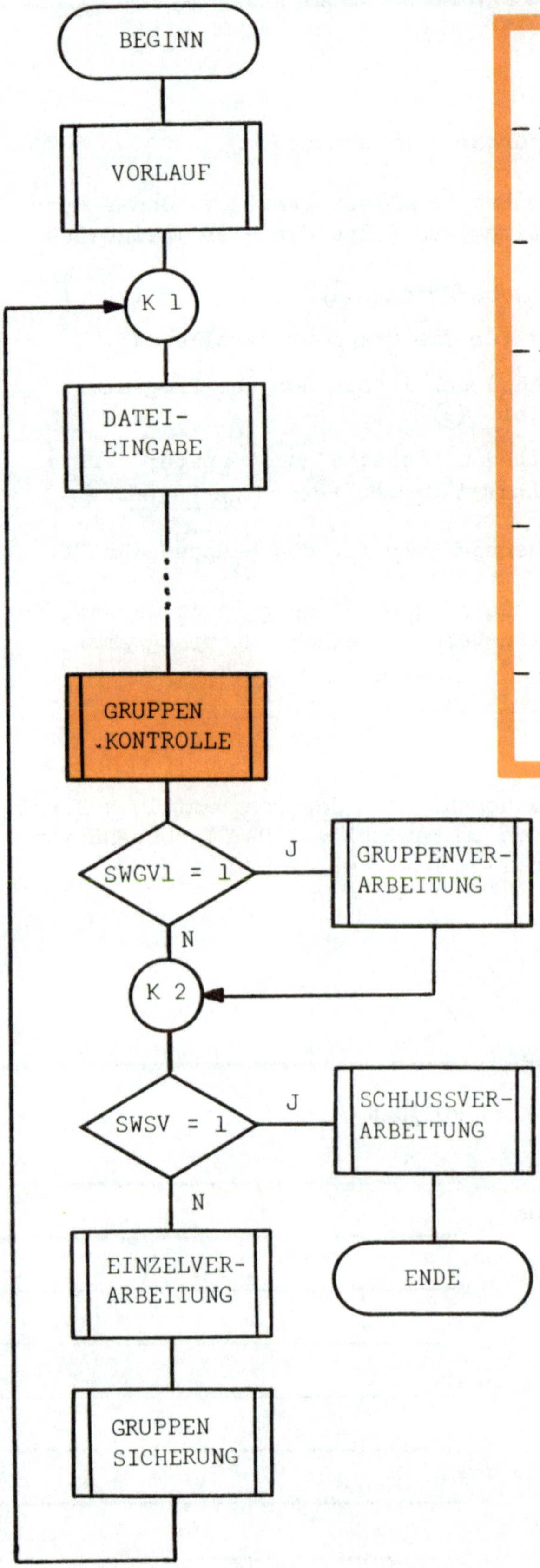
BEGINN
VORLAUF
K 1
DATEI-
EINGABE
GRUPPEN
.KONTROLLE
SWGV1 = 1
J
GRUPPENVER-
ARBEITUNG
N
K 2
SWSV = 1
J
SCHLUSSVER-
ARBEITUNG
5
N
EINZELVER-
ARBEITUNG
ENDE
GRUPPEN
SICHERUNG

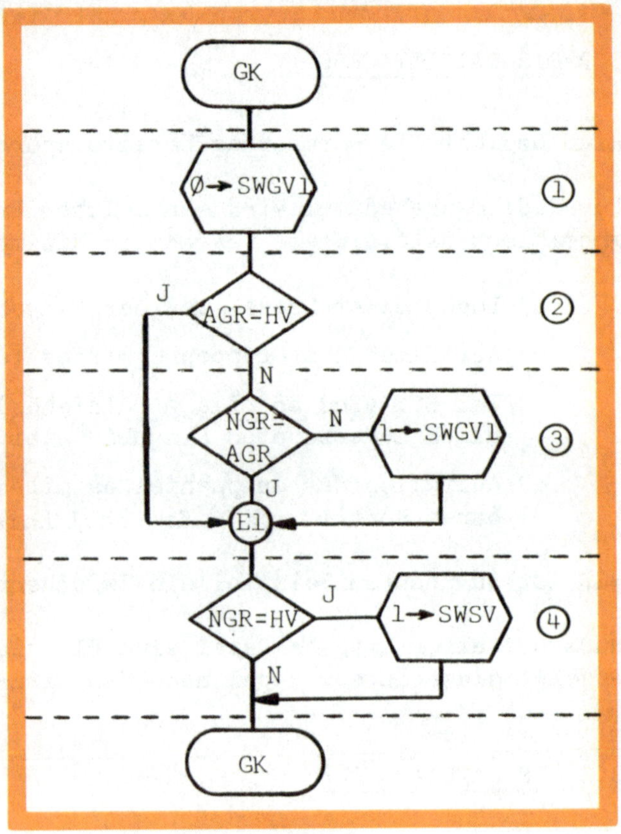
GK
Ø→SWGV1
1
J
AGR=HV
2
N
NGR=
AGR
N
1→SWGV1
3
J
E1
J
NGR=HV
1→SWSV
4
N
GK

3.4 DIE GRUPPENKONTROLLE

Dieser Programmblock lässt sich in vier Phasen unterteilen. Ihre Reihenfolge ist in allen Programmen gleich:

a) Löschen der Gruppenschalter. ①

b) Verhindern des ersten Gruppenbruches. ②

c) Feststellen eines Gruppenbruches und Setzen der Gruppenschalter. ③

d) Feststellen, ob das Ende aller Eingabe-Dateien erreicht ist. ④

In unserem Beispiel wird als erstes der Schalter SWGV1 gelöscht (Ø→ SWGV1). SWGV1 ist der Schalter der Gruppenstufe 1.

Der erste Gruppenbruch

Um zu verhindern, dass der erste Datensatz einen Gruppenbruch auslöst, wird er bei der herkömmlichen Programmierung meistens im Vorlauf gelesen. Bei der normierten Programmierung ist das Lesen einer Datei nur im Block Dateieingabe erlaubt. Die Steuerung erfolgt in der Gruppenkontrolle, in welcher der erste Gruppenbruch wie folgt verhindert wird:

Im Vorlauf, bei der Initialisierung, wird High-Value in das alte Gruppenfeld AGR übertragen. AGR wird bis zur Gruppenkontrolle nicht verändert. So verzweigt das Programm über den Test AGR = High-Value (HV) ② zum Konnektor E1 ③. Erst in der Gruppensicherung wird NGR (neues Gruppenfeld) nach AGR übertragen und somit beim nächsten Durchlaufen der Programmschleife AGR ≠ HV.

Feststellen des Gruppenbruches

Um festzustellen, ob ein Datensatz zur selben Gruppe wie sein Vorgänger gehört, wird das Gruppenfeld des neuen Satzes NGR mit dem Gruppenfeld des alten Satzes AGR verglichen. Ist NGR ≠ AGR wird der Schalter für die Gruppenverarbeitung gesetzt (1→ SWGV1). ③

Der letzte Gruppenbruch (Ende der Datei)

Bei EOF wird im Programmblock Dateieingabe High-Value nach NGR übertragen. Das hat zur Folge, dass NGR in jedem Fall ungleich AGR ist. In der Gruppenkontrolle wird ein Gruppenbruch festgestellt und der Schalter SWGV1 gesetzt. Damit wird die Gruppenverarbeitung der letzten Gruppe sichergestellt.

Prüfen auf Programmende

Die End-Bedingung in der normierten Programmierung wird durch Abfragen von NGR geprüft.

NGR = High-Value bedeutet, dass unsere Eingabe-Datei das logische Ende erreicht hat. Da die Schlussverarbeitung erst nach der letzten Gruppenstufe ausgeführt werden darf, wird in der Gruppenkontrolle der Schalter SWSV gesetzt. Vor der Einzelverarbeitung wird SWSV abgefragt und zur Schlussverarbeitung verzweigt. ⑤

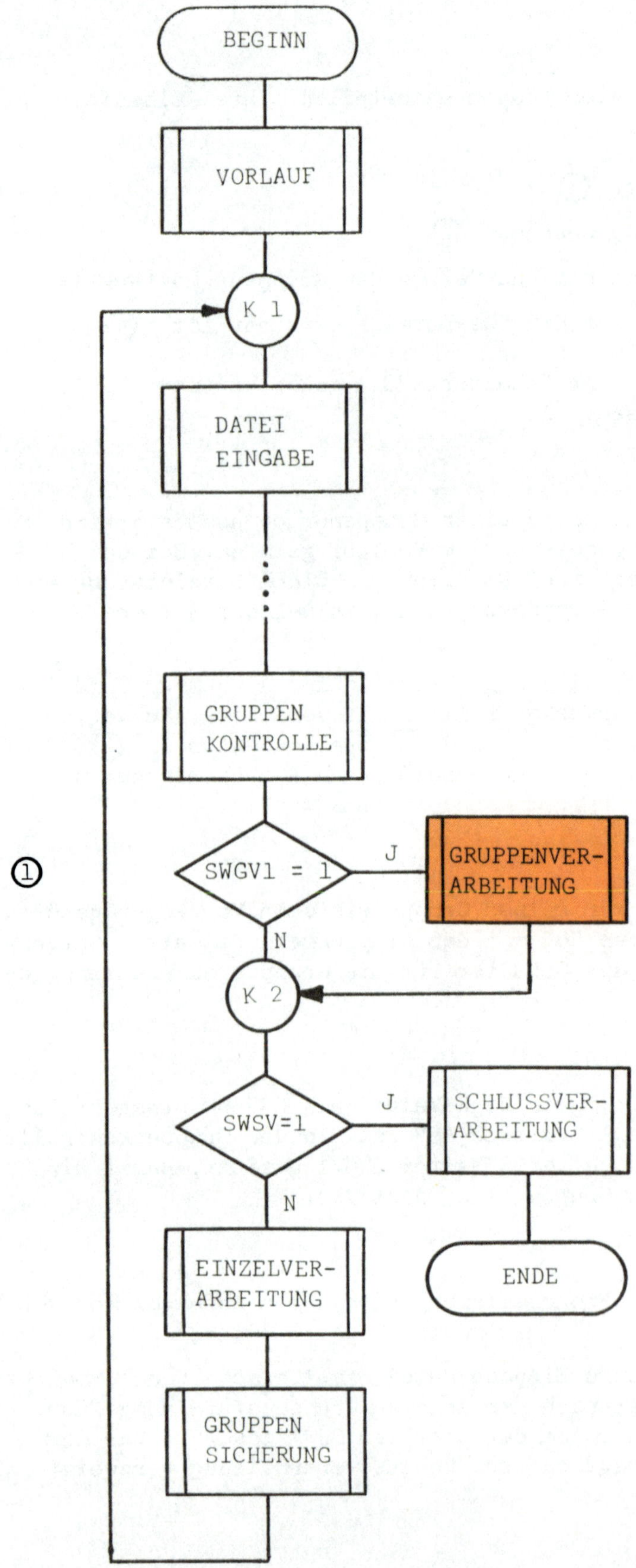
BEGINN
VORLAUF
K 1
DATEI EINGABE
GRUPPEN KONTROLLE
SWGV1 = 1
J
GRUPPENVER-ARBEITUNG
N
K 2
SWSV=1
J
SCHLUSSVER-ARBEITUNG
ENDE
N
EINZELVER-ARBEITUNG
GRUPPEN SICHERUNG
①

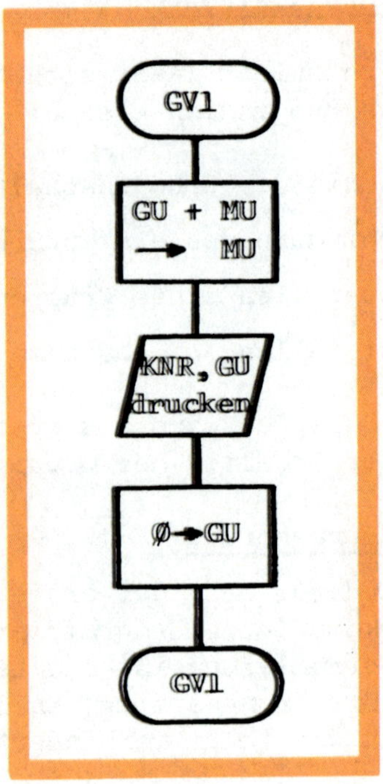
GV1
GU + MU → MU
KNR, GU drucken
Ø→GU
GV1

3.5 DIE GRUPPENVERARBEITUNG

Für jede Gruppenstufe gibt es einen Programmblock Gruppenverarbeitung.

Unser Programmbeispiel hat nur eine Gruppenstufe und somit auch nur einen Programmblock Gruppenverarbeitung. Der Aufbau der Gruppenverarbeitung ist problemabhängig. In unserem Beispiel müssen wir folgende Tätigkeiten ausführen:

1. Addieren des Gesamtumsatzes (GU) eines Kunden zum Monatsumsatz (MU).
2. Kundennummer (KNR) und GU ausdrucken.
3. Löschen des Zwischenspeichers GU.

Die Gruppenverarbeitung ist immer problemabhängig, weist aber im allgemeinen doch eine bestimmte Struktur auf. Folgende Tätigkeiten sollten Sie sich merken:

- Gruppentotale bilden.
- Gruppentotal auf nächst höhere Gruppe übertragen.
- Eventuell Gruppensätze ausgeben.
- Gruppentotale löschen.

ZUSATZINFORMATION

Würde der erste Gruppenbruch nicht verhindert, so würde mit dem ersten Datensatz in die Gruppenverarbeitung verzweigt und eine Zeile mit der Kundennummer = Ø und dem GU = Ø gedruckt werden.

Der Programmblock Gruppenverarbeitung wird nur in Abhängigkeit der Weiche SWGV1 angesteuert (1). Man sagt: "Der Programmblock Gruppenverarbeitung wird bedingt angesteuert." Die Gruppenkontrolle wird hingegen unbedingt angesteuert.

NOTIZEN

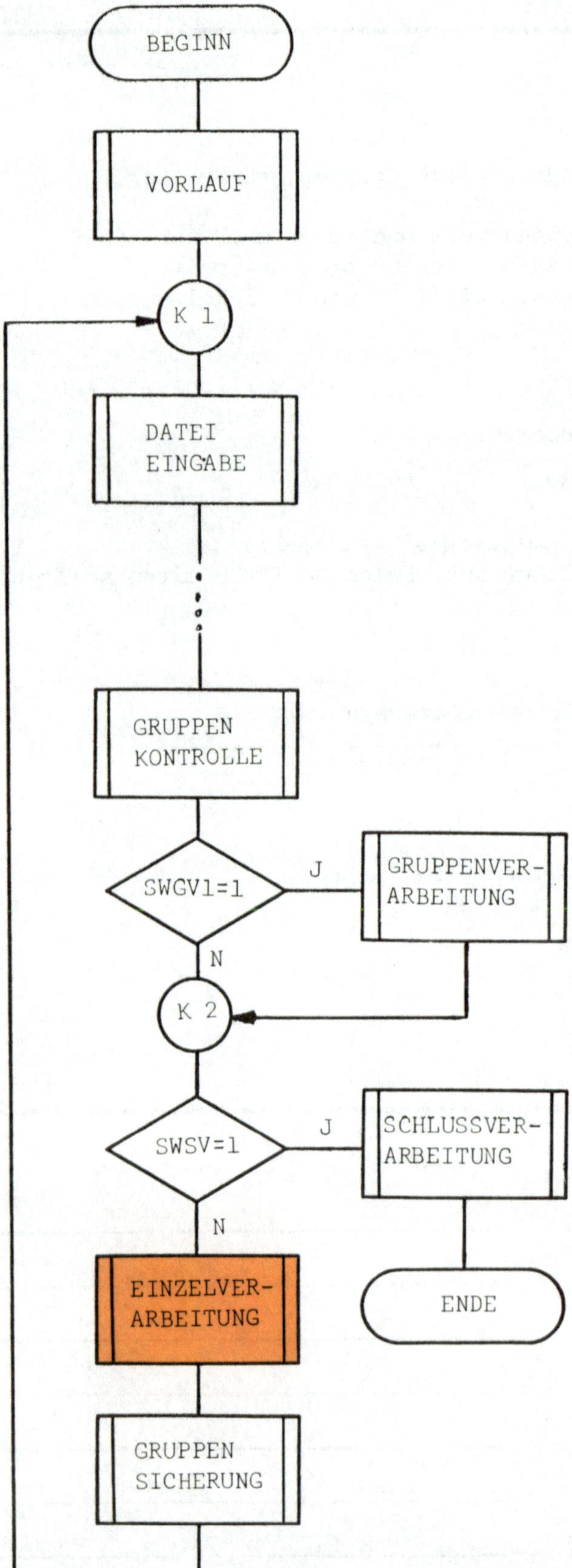
BEGINN
VORLAUF
K 1
DATEI EINGABE
GRUPPEN KONTROLLE
SWGV1=1
J
GRUPPENVER-ARBEITUNG
N
K 2
SWSV=1
J
SCHLUSSVER-ARBEITUNG
ENDE
N
EINZELVER-ARBEITUNG
GRUPPEN SICHERUNG

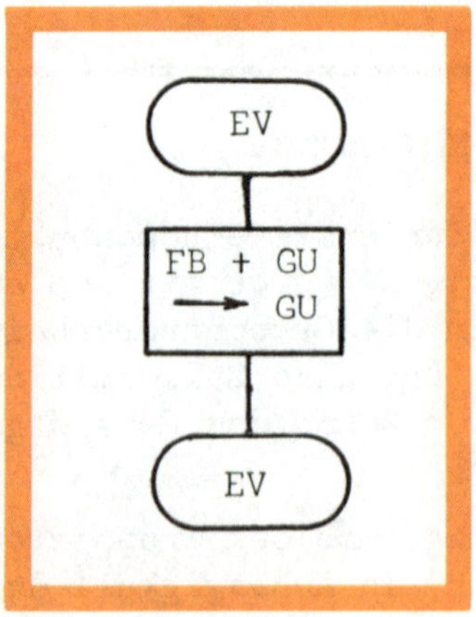
EV
FB + GU
→ GU
EV

3.6 DIE EINZELVERARBEITUNG

Im Beispiel Monatsumsatz ist die Einzelverarbeitung sehr einfach.

Der Fakturabetrag (FB) des Kundensatzes wird zum Gesamtumsatz (GU) addiert.

In der Einzelverarbeitung werden somit durch laufendes Aufaddieren jene Werte gebildet, welche in der Gruppenverarbeitung als Gruppentotal zur Verfügung stehen müssen.

Der Programmblock EV ist problemabhängig und stellt zusammen mit der Gruppenverarbeitung die eigentliche Datenverarbeitung dar. Die Einzelverarbeitung kann auf verschiedene Arten aufgebaut werden:

Zum Beispiel:

- Es gibt für jede Eingabe-Datei einen Einzelverarbeitungs-Block.
- Es wird für jeden Verarbeitungsfall ein Einzelverarbeitungs-Block erstellt.
- Bei einfachen Programmen kann die Einzelverarbeitung in einem EV-Block erfolgen.
- Für jede Satzart wird ein Einzelverarbeitungs-Block erstellt.

ZUSATZINFORMATION

Zu Random oder indexsequentiellen Dateien darf in der Einzelverarbeitung zugegriffen werden, wenn sie nicht sequentiell verarbeitet werden.

NOTIZEN

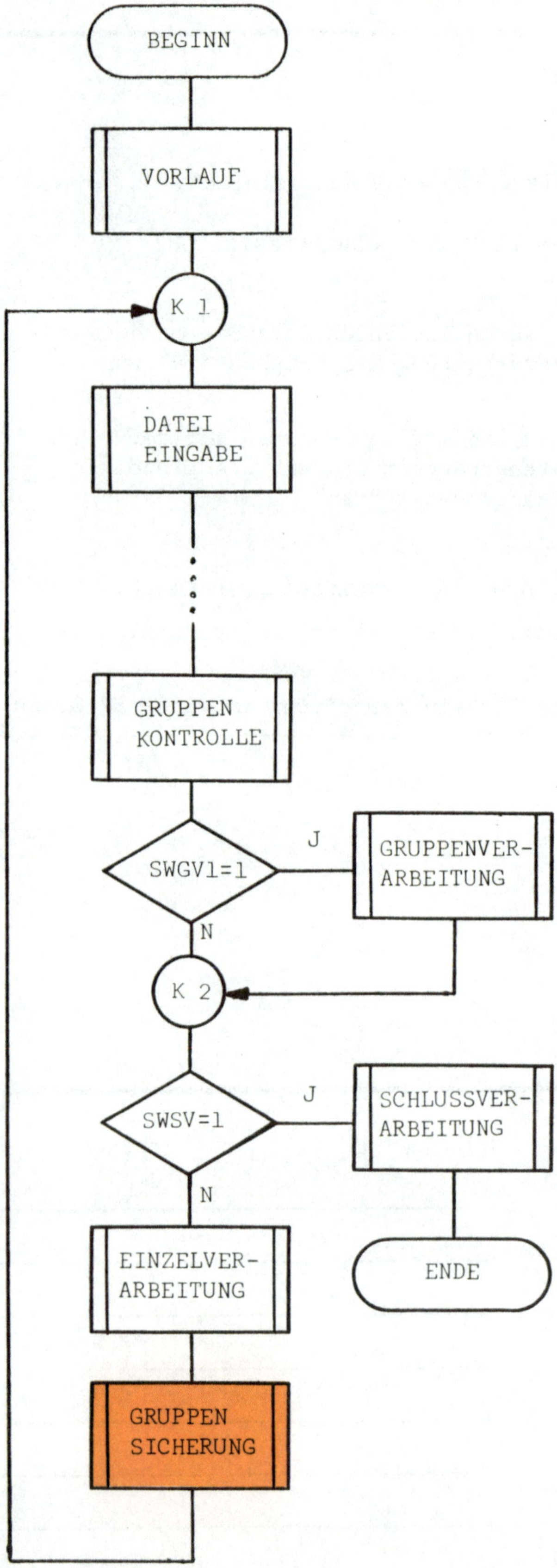
BEGINN
VORLAUF
K 1
DATEI EINGABE
GRUPPEN KONTROLLE
SWGV1=1
J
N
GRUPPENVER-ARBEITUNG
K 2
SWSV=1
J
N
SCHLUSSVER-ARBEITUNG
ENDE
EINZELVER-ARBEITUNG
GRUPPEN SICHERUNG

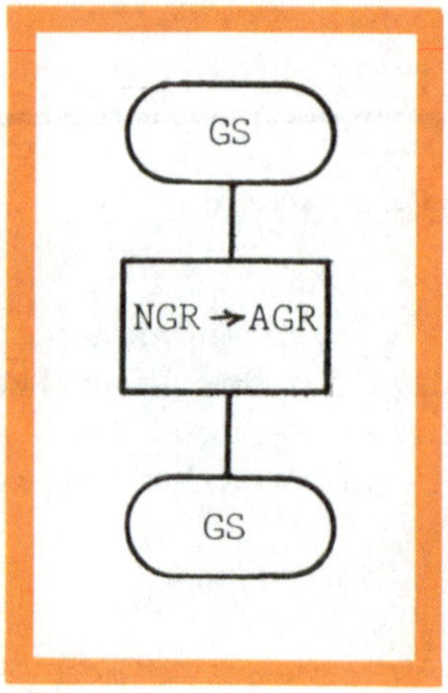
GS
NGR → AGR
GS

3.7 DIE GRUPPENSICHERUNG

Der Programmblock Gruppensicherung besteht aus einem Befehl. Dieser Befehl ist jedoch so wichtig, dass unsere Gruppenverarbeitung ohne ihn nicht funktionieren würde. Durch das Uebertragen von NGR nach AGR kann jeweils der neue Gruppenbegriff mit dem alten Gruppenbegriff verglichen werden. Fehlt dieser Befehl, so wird der neue Gruppenbegriff mit dem Anfangswert von AGR verglichen. Da der Anfangswert von AGR sich somit nicht ändert, findet kein Gruppenbruch und somit auch keine Gruppenverarbeitung statt.

Nach dem Durchlaufen der Gruppensicherung verzweigt das Programm nach Konnektor K 1. Der nächste Datensatz wird gelesen und somit beginnt der nächste Zyklus.

Für Sie besteht hier die beste Möglichkeit für eine Repetition. Verzweigen auch Sie zurück, wenn Sie etwas nicht verstanden haben, oder noch unsicher sind.

ZUSATZINFORMATION

Vielleicht haben Sie sich gefragt, warum bei Fehlen der Gruppensicherung kein Gruppenbruch stattfinden würde. Ueberlegen Sie, was als zweite Tätigkeit in der Gruppenkontrolle gemacht wird. Wenn Sie keine Antwort finden, gehen Sie zurück zu Kapitel 3.4.

NOTIZEN

DIE SCHLUSSVERARBEITUNG

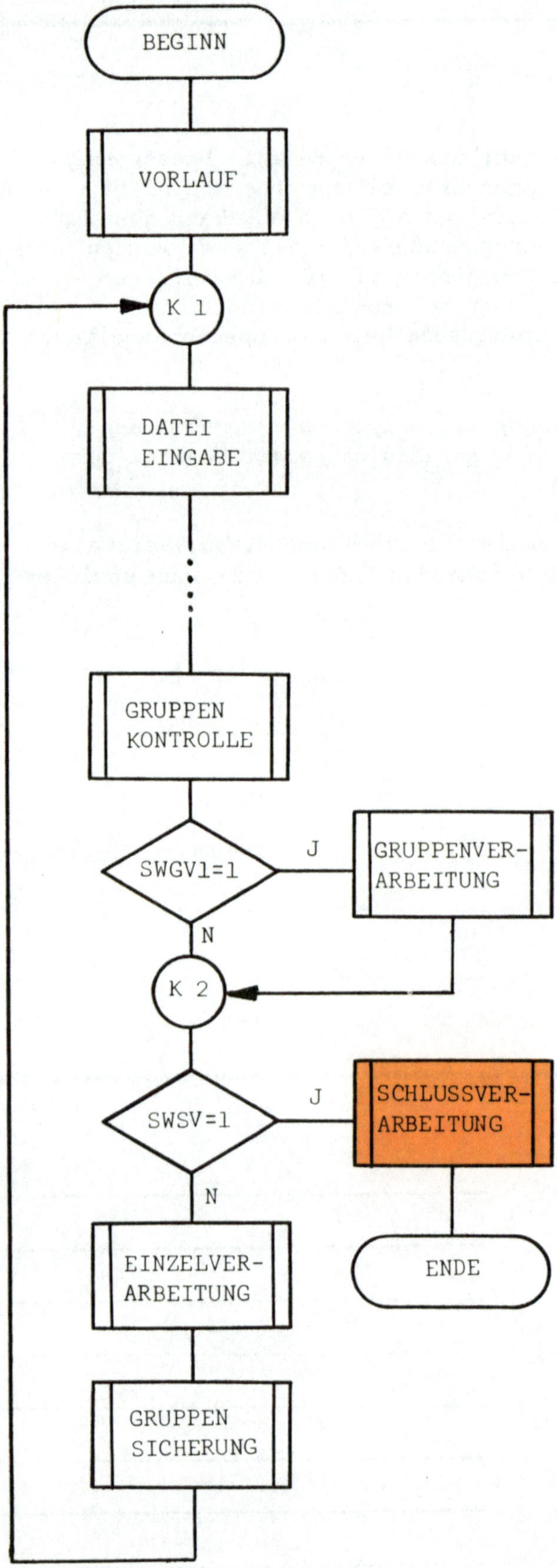

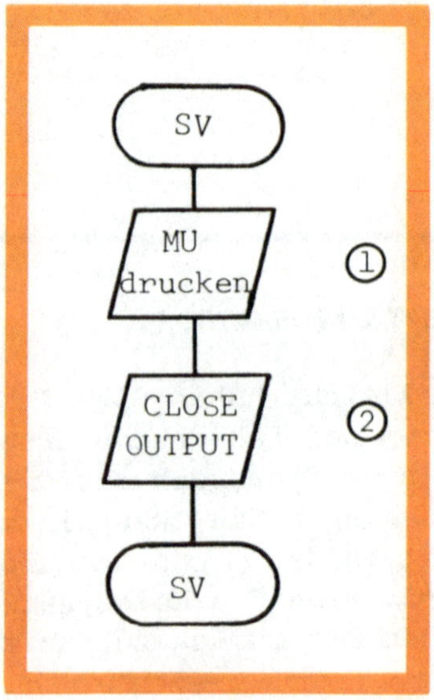

3.8 DIE SCHLUSSVERARBEITUNG

Die Schlussverarbeitung ist das Gegenstück des Vorlaufes. Doch haben beide etwas Gemeinsames. Sie werden in jedem Programmablauf nur einmal durchlaufen. In der Schlussverarbeitung werden die Tätigkeiten ausgeführt, welche am Ende eines Programmes ausgeführt werden müssen.

Zum Beispiel:

- Drucken eines eventuellen Gesamttotals wie in unserem Beispiel MU ①.
- Ausgeben einer Ende-Meldung
- Schliessen aller Ausgabe-Dateien ②

Die Eingabedatei wurde bereits im Block Dateieingabe geschlossen.

Nach dem Durchlaufen der Schlussverarbeitung ist das Programm beendet.

Für Sie ist das Programm Monatsumsatz natürlich erst beendet, wenn Sie es verstanden haben. Erklären Sie es doch einmal sich selber und seien Sie ein kritischer Zuhörer.

ZUSATZINFORMATION

Jedes Ding hat ein Ende; nur die Wurst hat deren zwei, sagt ein Spruch. Also ohne Schlussverarbeitung ist ein Programm unvollständig.

NOTIZEN

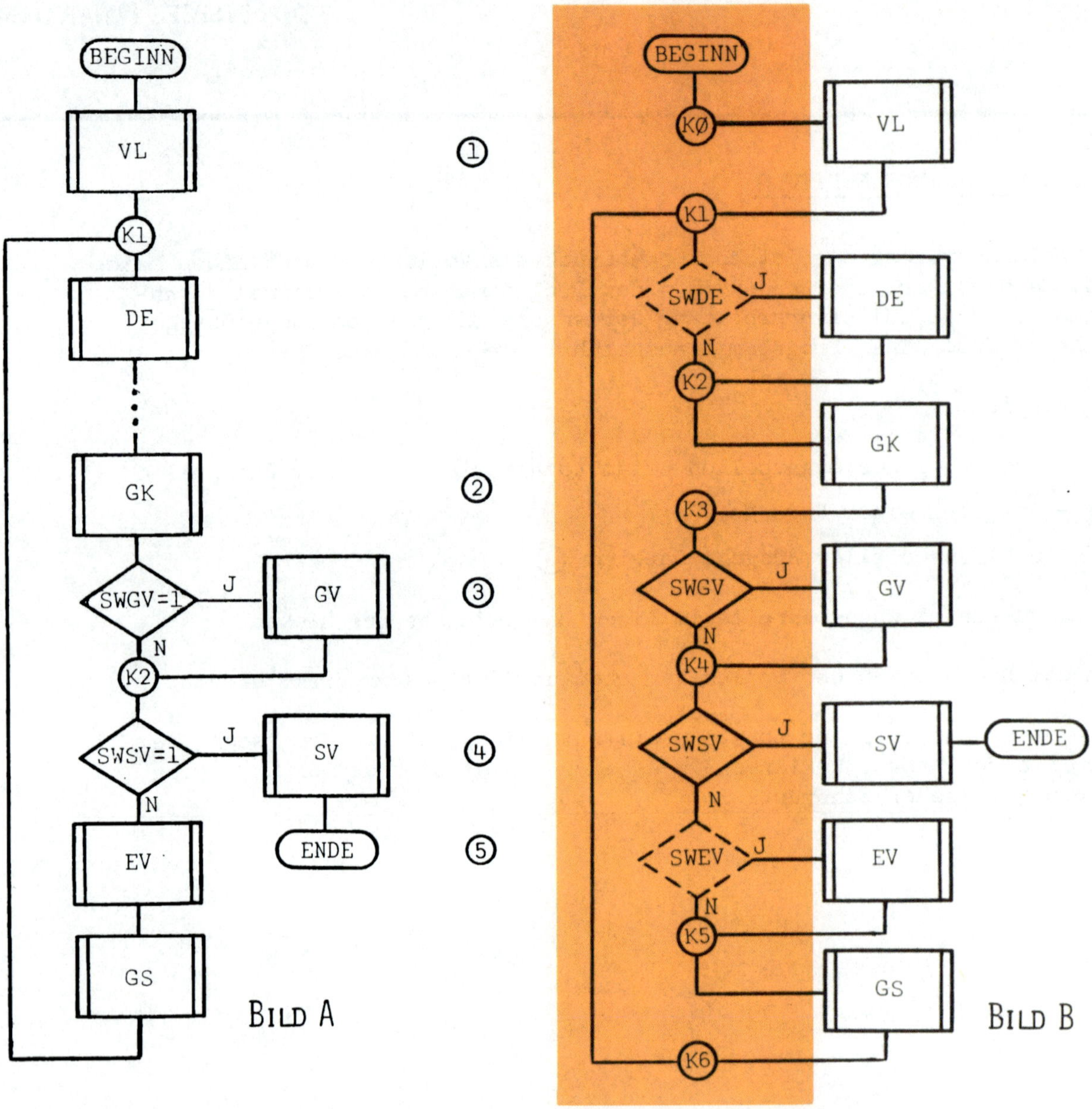

BILD A

BILD B

FRAGE	ANTWORT	IHRE LOESUNG
1. Was bestimmt die Ansteuerung von Programmblöcken?	A. Die Schalter B. Die Steuerleiste C. Die Gruppenfelder D. A und B	◯
2. Wie wird der erste Gruppenbruch gesteuert?	A. Durch einen Schalter B. Durch Prüfen des NGR C. Durch Prüfen des AGR D. Durch Vergleichen von NGR mit AGR.	◯

3.9 DIE PROGRAMMABLAUFSTEUERUNG

In unserem Beispiel kennen wir vier Arten von Programmblöcken:

a) Jene, die nur in Abhängigkeit von einem Schalter durchlaufen werden, z.B. Gruppenverarbeitung. ③

b) Jene, die unabhängig von einem Schalter durchlaufen werden, z.B. Gruppenkontrolle. ②

c) Programmblöcke, die von jedem Datensatz durchlaufen werden, z.B. Einzelverarbeitung. ⑤

d) Programmblöcke, die nur einmal durchlaufen werden, z.B. Vorlauf ① und Schlussverarbeitung. ④

Natürlich gibt es Programmblöcke, die zu zwei Gruppen gehören. Die Schlussverarbeitung z.B. gehört sowohl der Gruppe a) wie d) an.

Vergleichen Sie die beiden Bilder A und B auf der linken Seite. Beide stellen dasselbe Programm dar. "A" ist die konventionelle Darstellung einer Steuerleiste. "B" stellt eine Steuerleiste dar, bei der alle Programmblöcke gleich behandelt werden. Diese Darstellung wird weniger verwendet.

Bei Programmen mit mehreren Eingabe-Dateien werden auch die Dateieingabe, sowie die Einzelverarbeitung in Abhängigkeit eines Schalters angesteuert. Da diese Schalter bei Programmen mit nur einer Eingabe-Datei immer auf "EIN" wären, könnten sie wegfallen. Man sollte sie jedoch der Norm wegen im Programm belassen. So sind die Steuerleisten aller Programme in ihren Grundelementen gleich, was die Arbeit bei Programmänderungen bzw. -korrekturen wesentlich erleichtert. Ausserdem lassen sich spätere Erweiterungen auf zwei oder mehrere Dateien schnell und sicher durchführen, da die Eingabesteuerung ein bereits ausgetesteter Bestandteil des Programms ist.

ZUSATZINFORMATION

Die Schalter können auch in die Blöcke eingebaut werden. Dies würde zu einem einfachen zyklischen Programmablauf führen. Dabei ginge aber die Uebersichtlichkeit des Programms verloren. Damit wäre das Austesten auch unbequemer.

NOTIZEN

4. Beispiel Jahresumsatz 1

Beispiel Jahresumsatz 1

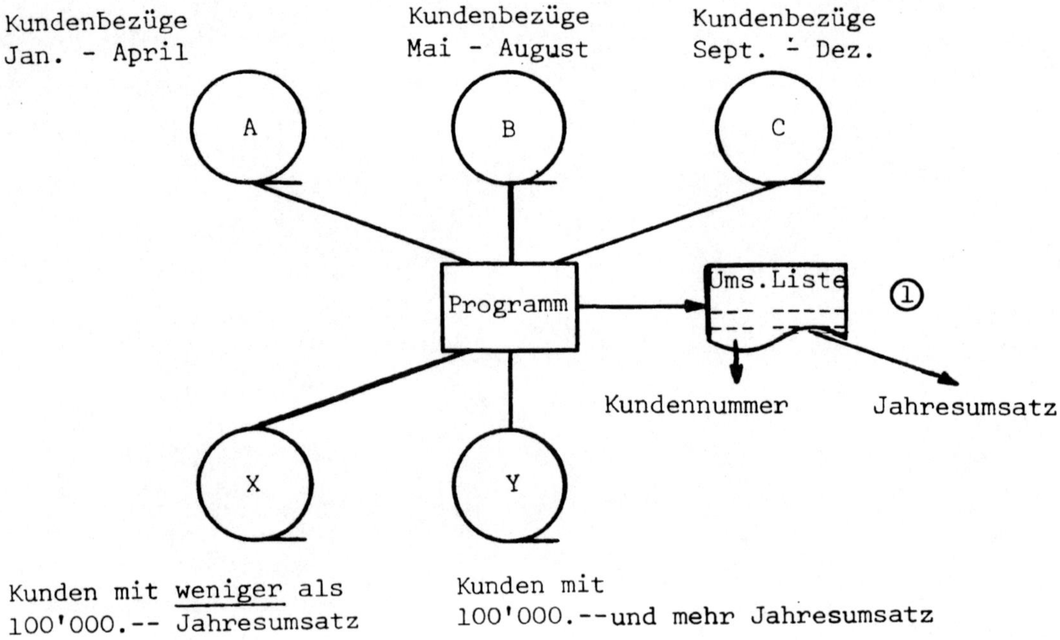

Kundensatz Eingabe

SA1	Kunden-Nr	Artikel-Nr	Anzahl	Preis	Datum TT,MM,JJ

②

Kundensatz Ausgabe

SA2	Kunden-Nr	Jahresumsatz

③

FRAGE	ANTWORT	IHRE LOESUNG
1. Was für ein Wert hat SA2?	A. 55 B. 30 C. unbestimmt	○
2. In welchem Block wird SA2 ein Wert zugeordnet?	A. Einzel-Verarbeitung B. Gruppen-Verarbeitung C. Vorlauf	○

4. BEISPIEL JAHRESUMSATZ 1

Wir sollen ein Programm erstellen zum Auswerten von Kundenbestellungen. Es soll eine Liste erstellt werden, auf welcher pro Kunde der Jahresumsatz ausgedruckt wird. ①
Für jeden Kunden wird im weiteren ein Ausgabesatz erstellt. ③

Als Eingabe werden drei Dateien verwendet:

Datei A	Kundenbezüge	Jan.	- April
Datei B	Kundenbezüge	Mai	- Aug.
Datei C	Kundenbezüge	Sept.	- Dez.

Alle drei Dateien sind gleich aufgebaut und erhalten eine unbestimmte Anzahl Datensätze. ②

Ein Datensatz besteht aus:

2 Stellen Satzart : SA1 = 3Ø
8 Stellen Kundennummer
5 Stellen Artikelnummer
4 Stellen Anzahl der gelieferten Stücke
6 Stellen Preis, davon 2 Dezimalstellen
6 Stellen Datum

Alle Dateien sind nach Kundennummer aufsteigend sortiert.

Unsere Aufgabe besteht aus:

a) Pro Kundensatz ② den Betrag errechnen. Betrag = Anzahl·Preis

b) Pro Kunde sollen die Beträge zu einem Totale, dem Jahresumsatz JU, aufaddiert werden.

c) Bei Wechsel der Kundennummer soll die Kundennummer und JU ausgedruckt werden.

d) Für jeden Kunden wird ein Ausgabesatz erstellt ③ mit
2 Stellen Satzart SA2 = 55
8 Stellen Kundennummer
9 Stellen Jahresumsatz, davon 2 Dezimalstellen

e) Ausgabesätze, deren Jahresumsatz kleiner 100'000.-- ist, werden auf der Datei X abgespeichert. Die andern Ausgabesätze auf Datei Y.

f) Die Ausgabe-Dateien sollen ebenfalls aufsteigend nach Kundennummer sortiert sein.

DIE ELEMENTE DER DATEISTEUERUNG

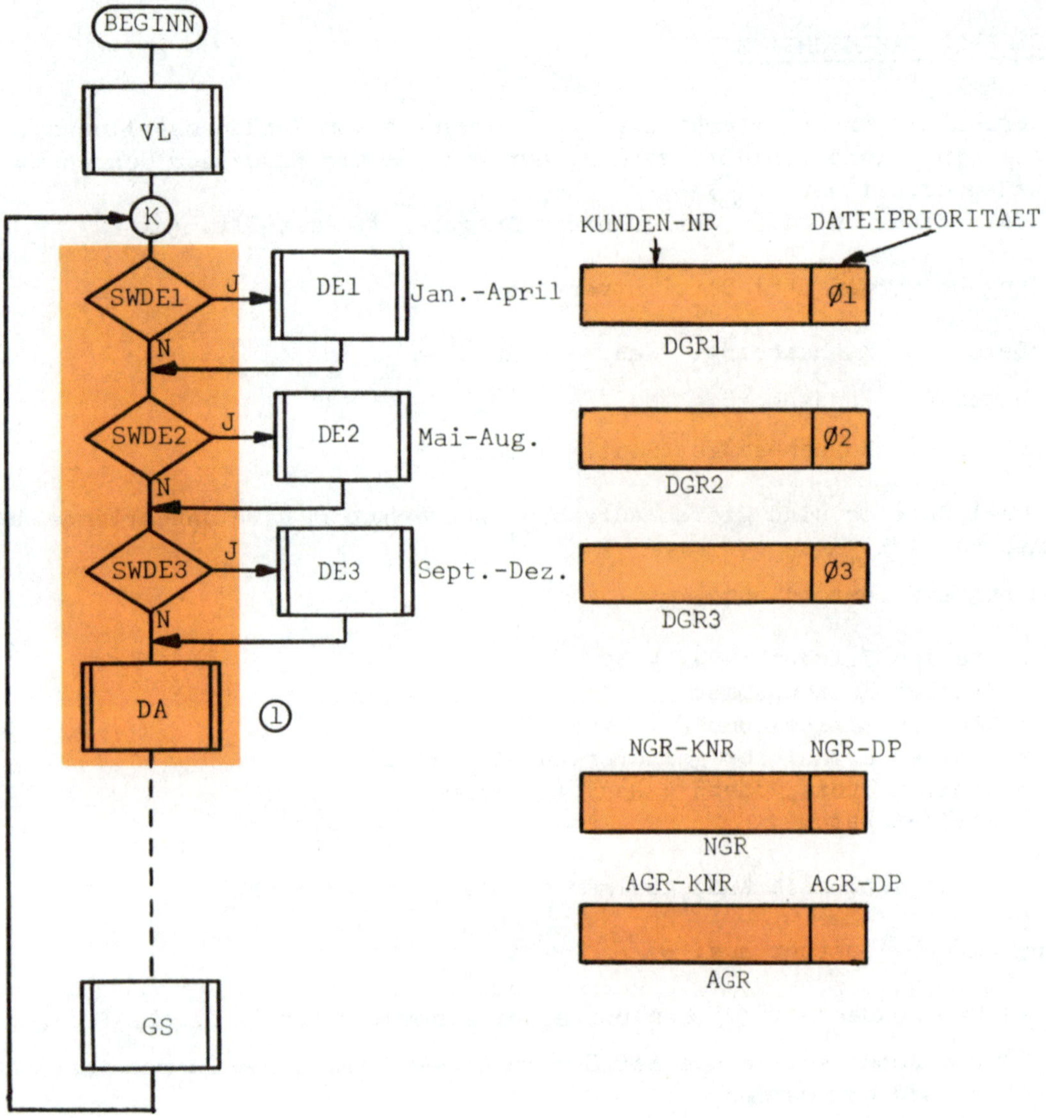

FRAGE	ANTWORT	IHRE LOESUNG
1. Was ist der Anfangswert des Schalters SWDE1 nach dem Vorlauf?	A. High-Value B. Eins C. Undefiniert	○
2. Was ist der Inhalt des AGR nach der Gruppensicherung beim ersten Durchlauf?	A. NGR B. Das DGR des ausgewählten Satzes C. High-Value D. A und B E. A und C	○

4.1 DIE ELEMENTE DER DATEISTEUERUNG

Bei Programmen mit mehreren Eingabe-Dateien benötigen wir einen weiteren Programmblock. Wir nennen ihn Datei-Auswahl (DA) ①. Im weiteren benötigen wir für jede Datei ein Datenfeld in dem der gemeinsame Gruppenbegriff abgespeichert wird. In unserem Falle ist die Kundennummer der gemeinsame Gruppenbegriff. Da dieses Datenfeld einer Datei zugeordnet ist, nennen wir es Datei-Gruppenfeld oder abgekürzt DGR. Somit heisst das DGR der Datei 1 DGR1, dasjenige der Datei 2 DGR2 usw.

Unser DGR besteht aus 10 Stellen. Die ersten 8 Stellen werden unsere Kundennummer aufnehmen, die letzten zwei Stellen die Dateipriorität. Die Dateipriorität ist konstant und darf in Verlaufe des Programmes nicht verändert werden. Ihre Bedeutung lernen wir später kennen.

Als weiteres Steuerelement dienen die Schalter SWDE1, SWDE2, SWDE3. Diese Schalter können den Wert Ø oder 1 annehmen. Ist der Inhalt eines Schalters gleich Ø, sagen wir der Schalter ist AUS oder gelöscht; ist der Inhalt gleich 1, sagen wir der Schalter ist EIN oder gesetzt.

Im Vorlauf werden alle Schalter SWDE auf EIN gesetzt.

Im weiteren brauchen wir noch unsere bereits bekannten neutralen Gruppenfelder NGR und AGR. Die beiden Gruppenfelder sind immer gleich lang wie die DGR und haben dieselbe Unterteilung. Im Vorlauf bekommen NGR und AGR den Wert High-Value.

Hat ein Programm nur eine Eingabe-Datei, könnte anstelle des DGR direkt das NGR verwendet werden. Denken Sie aber daran, dass dieses Programm vielleicht erweitert wird. Erweiterungen sind bei einem Programm das normgerecht geschrieben ist, bequemer und sicherer einzubauen.

ZUSATZINFORMATION

Der Block DA wird nicht benötigt, wenn nur eine Eingabe-Datei vorkommt. Er sollte jedoch immer, in Bezug auf die Aenderungsfreundlichkeit des Programms, eingebaut werden.

NOTIZEN

DIE DATEI-AUSWAHL

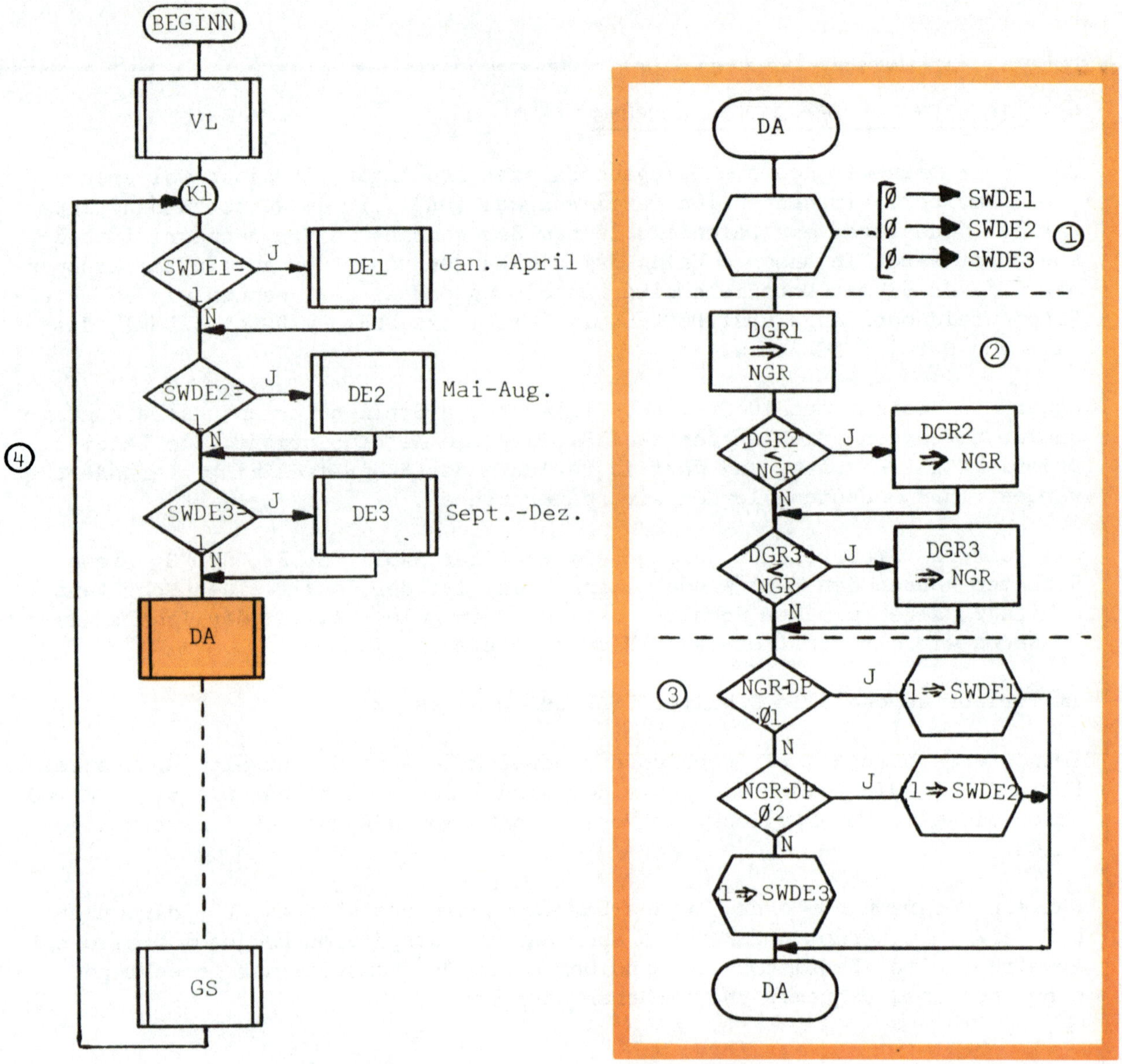

FRAGE	ANTWORT	IHRE LOESUNG
1. Könnte die Dateiauswahl auch ohne Dateipriorität erfolgen?	A. Ja ohne weiteres B. Nein auf keinen Fall C. Nur mit Aenderung der Programmlogik D. Ja mit Einschränkungen	○
2. Müssen die Eingabe-Dateien sortiert sein?	A. Ja B. Nicht unbedingt C. Ja und zwar in aufsteigender Folge nach der Hierarchie der Gruppenfelder	○

4.2 DIE DATEIAUSWAHL

Im Programmblock DA wird jeweils das Dateigruppenfeld mit dem kleinsten Inhalt (nachfolgend "kleinstes DGR" genannt) ausgewählt und dieser im NGR gespeichert. ②

Nun werden Sie einwenden, dass der Gruppenbegriff bei allen drei Dateien gleich sein kann, wenn der Kunde mit der Nr. 125 sowohl im Januar, Mai als auch im September etwas eingekauft hat.

Natürlich haben Sie recht, aber schauen wir einmal unsere drei Gruppenfelder mit dem Kunden Nr. 125 an:

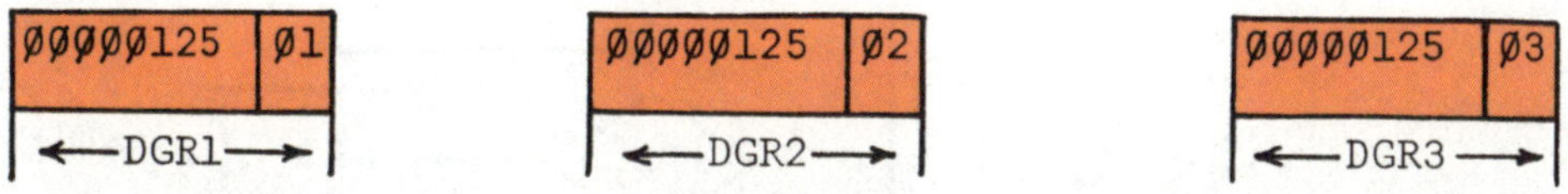

Wie Sie sehen, ist der Inhalt der drei DGR 125Ø1, 125Ø2 und 125Ø3. Die Dateipriorität bewirkt, dass die Gruppenfelder auch dann nicht gleich sind, wenn ihr Gruppenbegriff gleich ist. Somit gibt es immer nur <u>ein</u> kleinstes DGR. Dieses wird mit der Ergebnis-Vorspeicherungsmethode, mit NGR als Zwischenspeicher, ausgewählt ②.

In unserem Beispiel (Kunden Nr. 125) wird demnach bei jedem Programmdurchlauf DGR1 ausgewählt, bis es zum Gruppenbruch in der Datei 1 kommt. Dann wird mit DGR2 gleich verfahren, und schliesslich auch mit DGR3. Jetzt haben wir in allen DGR neue Werte. Das kleinste DGR wird ausgewählt, usw., usw.

Nach der Auswahl des kleinsten DGR wird noch, über Abfrage der Dateiprioritäten, der Schalter (SWDE) jener Datei auf EIN gestellt, zu welcher das ausgewählte DGR gehört ③. Von dieser Datei wird beim nächsten Durchlaufen der Eingabesteuerung ein Datensatz gelesen ④. Alle Dateischalter (SWDE) werden im ersten Teil von DA auf AUS gesetzt ①.

ZUSATZINFORMATION

Die Dateipriorität kann durch Einlesen einer Parameter-Karte auch erst bei der Durchführung festgelegt werden. Dies erfordert jedoch einen Plausibilitätstest im Vorlauf.

NOTIZEN

DIE STEUERUNG DER EINGABE-DATEIEN

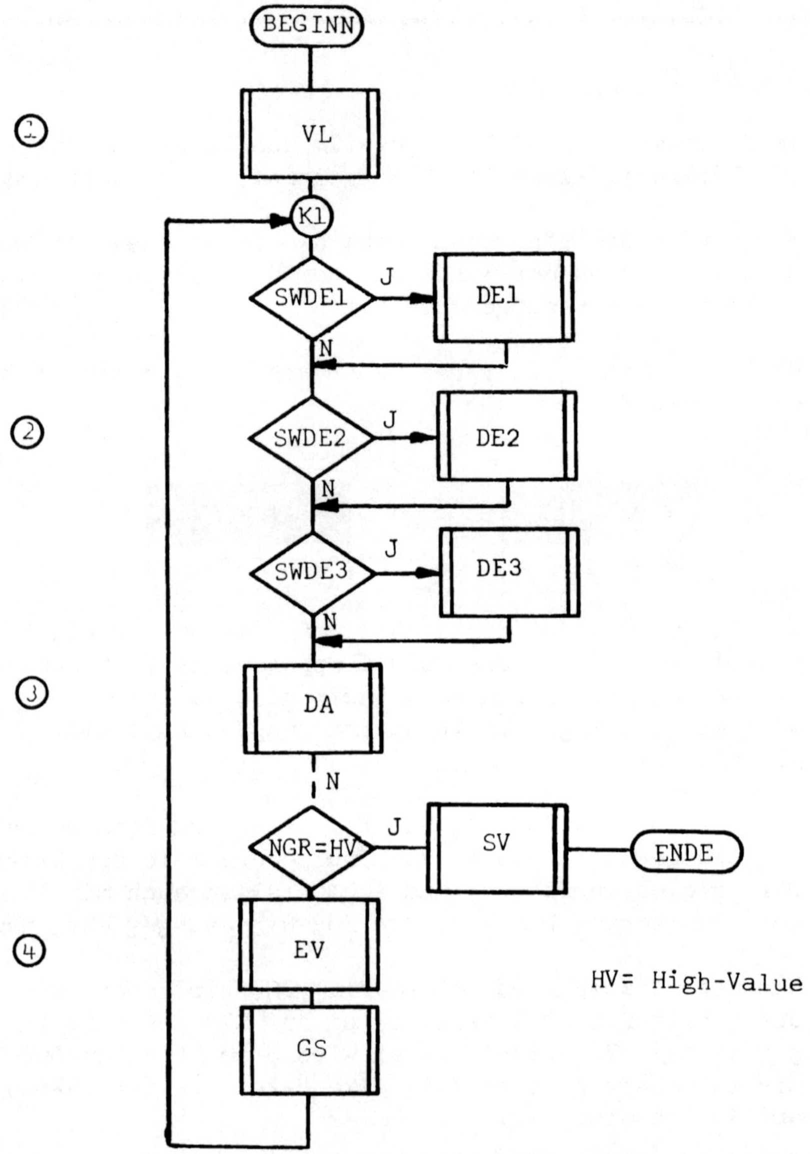

FRAGE

DGR1 hat als Dateipriorität 3, DGR2 und DGR3 haben irrtümlich beide die Dateipriorität 5.

In welcher Reihenfolge werden die Dateien ausgewählt, wenn alle drei den gleichen Inhalt in den Gruppenfeldern haben?

ANTWORT

A. DE1, DE2, DE3
B. DE1, DE3, DE2
C. DE3, DE2, DE1
D. DE3, DE1, DE2
E. DE2, DE3, DE1

IHRE LOESUNG

◯

4.3 DIE STEUERUNG DER EINGABE-DATEIEN

Wir wollen nochmals den Ablauf der Dateisteuerung in unserem Beispiel anschauen.

Teilen wir die Tätigkeiten in einzelne Schritte auf:

1. Vorlauf: Alle Dateischalter SWDE werden gesetzt. (1)
2. Dateieingabe: Von den Dateien deren Schalter gesetzt sind, wird gelesen. (2)
3. Dateiauswahl: Alle Schalter werden auf AUS gestellt, die Datei mit dem kleinsten DGR ausgewählt und der Schalter der ausgewählten Datei auf EIN gestellt. (3)
4. Verarbeiten des ausgewählten Datensatzes und zurück nach Punkt zwei. (4)

Sie sehen, beim ersten Durchlaufen der Schleife wird von jeder Datei ein Satz gelesen, bei jedem weiteren Durchlaufen jeweils nur noch von einer. Erreicht im Verlaufe der Verarbeitung eine Datei das logische Ende, so wird im DE-Block das Gruppenfeld mit High-Value gefüllt. Damit ist der Inhalt von DGR so gross, dass dieses DGR-Feld erst wieder ausgewählt wird, wenn alle anderen auch High-Value sind.

Wenn alle DGR gleich High-Value sind, haben alle Dateien das logische Ende erreicht. Von gleichen Gruppenfeldern wird jenes mit der kleinsten Prioritätsnummer ausgewählt. NGR wird somit High-Value bekommen. Wenn NGR gleich High-Value ist, verzweigt das Programm in die Schlussverarbeitung. Unser Programm ist beendet.

ZUSATZINFORMATION

Abfrage-Dateien sind Eingabe-Dateien, welche in einem DE-Block gelesen werden und auch ein DGR haben. Sie werden jedoch nicht durch einen Schalter von der Steuerleiste aufgerufen, sondern nach Bedarf durch Vergleichen des DGR mit dem Hilfsfeld LGR nachgezogen. Die Ansteuerung erfolgt aus einem Programm-Block. Im Kapitel 5 erfahren Sie Genaueres darüber.

NOTIZEN

DIE GRUPPENVERARBEITUNG IM BEISPIEL JAHRESUMSATZ 1

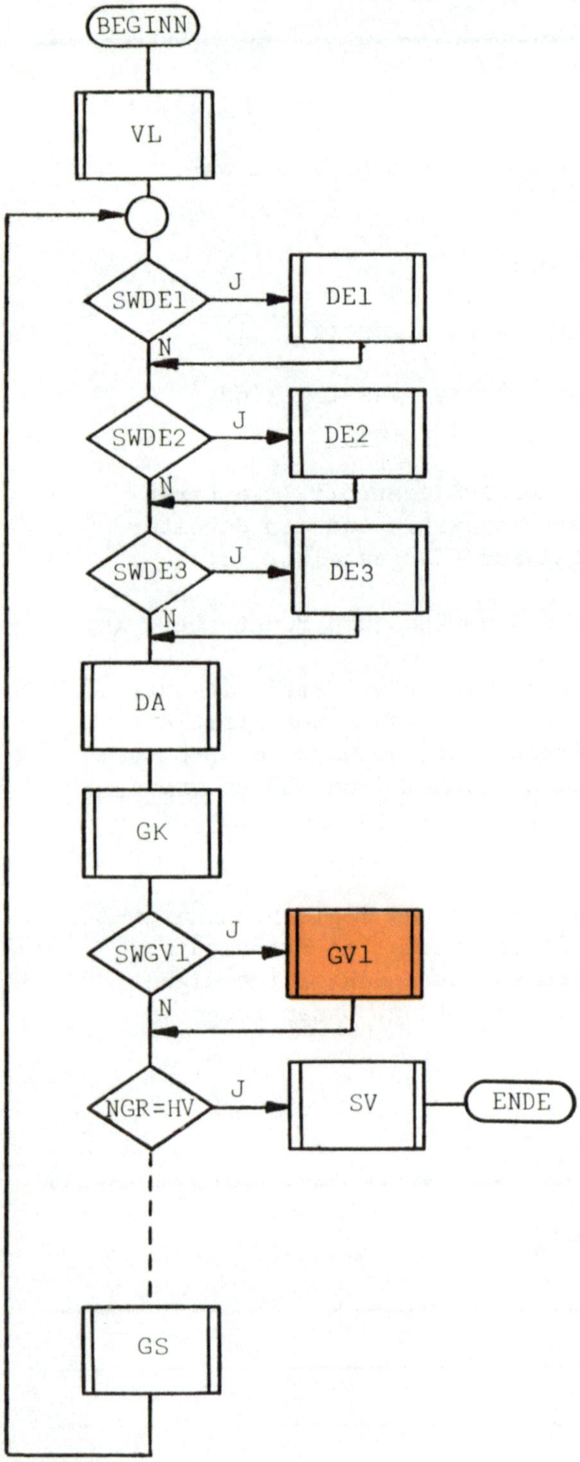

GRUPPENVERARBEITUNG

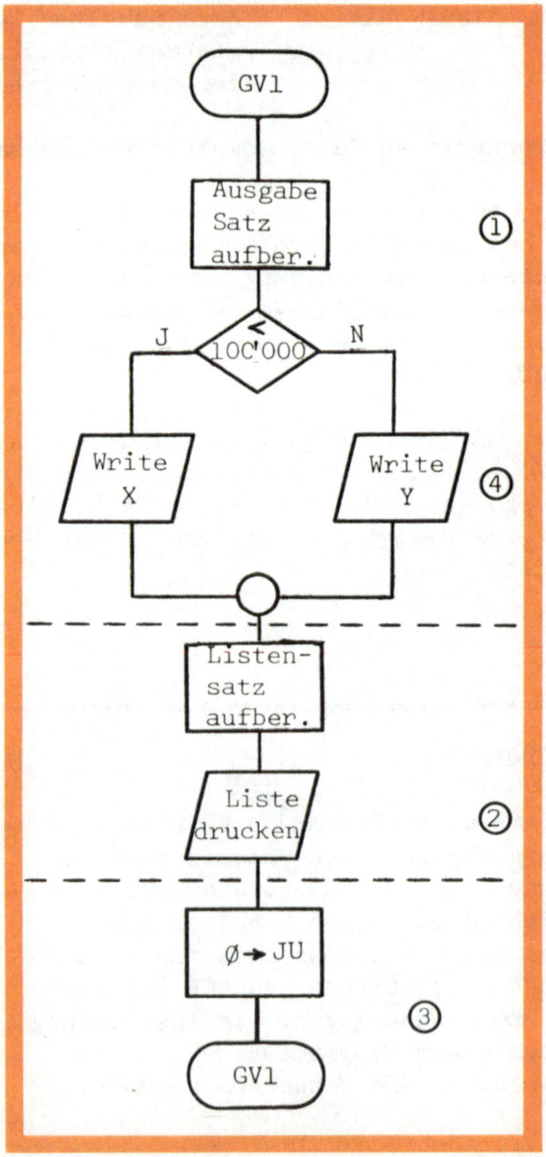

4.4 DIE GRUPPENVERARBEITUNG IM BEISPIEL JAHRESUMSATZ 1

Das Programmbeispiel Jahresumsatz hat nur eine Gruppenstufe und somit nur einen Gruppenverarbeitungsblock. Dieser Block wird angesteuert, wenn die Kundennummer wechselt. Die Tätigkeiten des Unterprogrammes sind problemabhängig und dieses wird daher zur Gänze vom Programmierer erstellt.

Sie sehen, die normierte Programmierung ist gar nicht so starr. Wichtig ist, dass wir keine Tätigkeiten vergessen. Vergleichen Sie die Aufgabenstellung am Anfang dieses Kapitels mit dem GV1-Block:

c) Bei Wechsel der Kundennummer soll die Kundennummer und der Jahresumsatz (JU) ausgedruckt werden. ②

d) Für jeden Kunden wird ein Ausgabesatz erstellt. ①

e) Ausgabesätze, deren Jahresumsatz kleiner 100'000.-- ist, werden auf Datei X abgespeichert, die anderen auf Datei Y. ④

f) Die Ausgabedatei soll nach Kundennummer aufsteigend sortiert sein.

Die Bedingung f) wird bereits durch die Dateisteuerung erfüllt.

Vergessen Sie nicht am Ende der Gruppenverarbeitung die Hilfsfelder zu löschen (Ø → JU). ③

NOTIZEN

EINZEL-VERARBEITUNG METHODE A

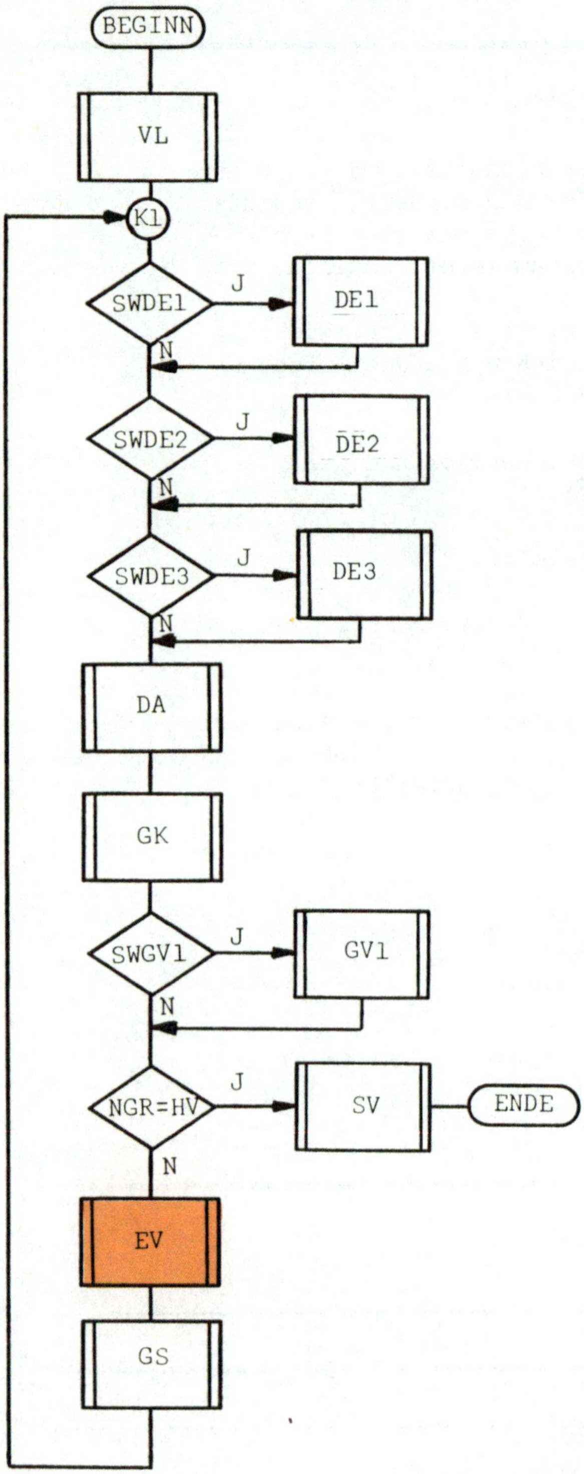

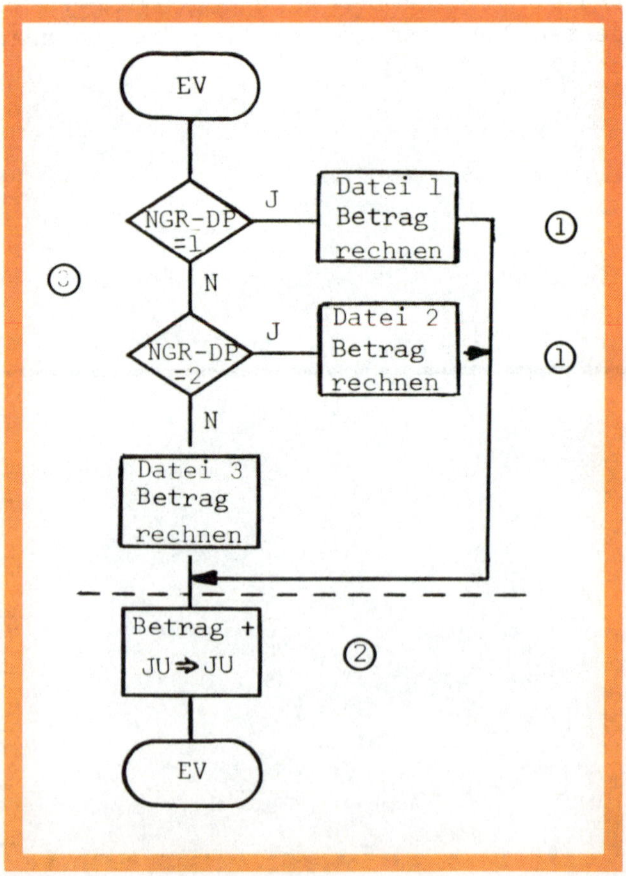

4.5 DIE EINZELVERARBEITUNG METHODE A

Bei einfacher Einzelverarbeitung können wir Speicherplatz und Zeit sparen, wenn wir mit nur einem EV-Block arbeiten. Um festzustellen, von welcher Datei wir den Datensatz verarbeiten sollen, fragen wir die Dateipriorität von NGR ab ③.

Dürfen wir Sie hier darauf aufmerksam machen, dass der im Block DE gelesene Datensatz nicht umgespeichert wird. Nur die Gruppenfelder werden nach DGR gespeichert. Somit haben wir in der EV nur über Abfrage der Dateipriorität die Möglichkeit festzustellen, von welcher Datei wir die Daten für die Berechnung holen müssen.

Für jede Datei existiert nun ein Befehl für die Multiplikation von Anzahl mal Preis ①.

Das Kumulieren des Betrages zum Jahresumsatz braucht nicht für jede Datei separat gemacht zu werden ②.

ZUSATZINFORMATION

Bei grösseren Einzelverarbeitungen sollte der EV-Block durch die Anwendung von Unterprogrammen entlastet werden.

NOTIZEN

EINZEL-VERARBEITUNG METHODE B

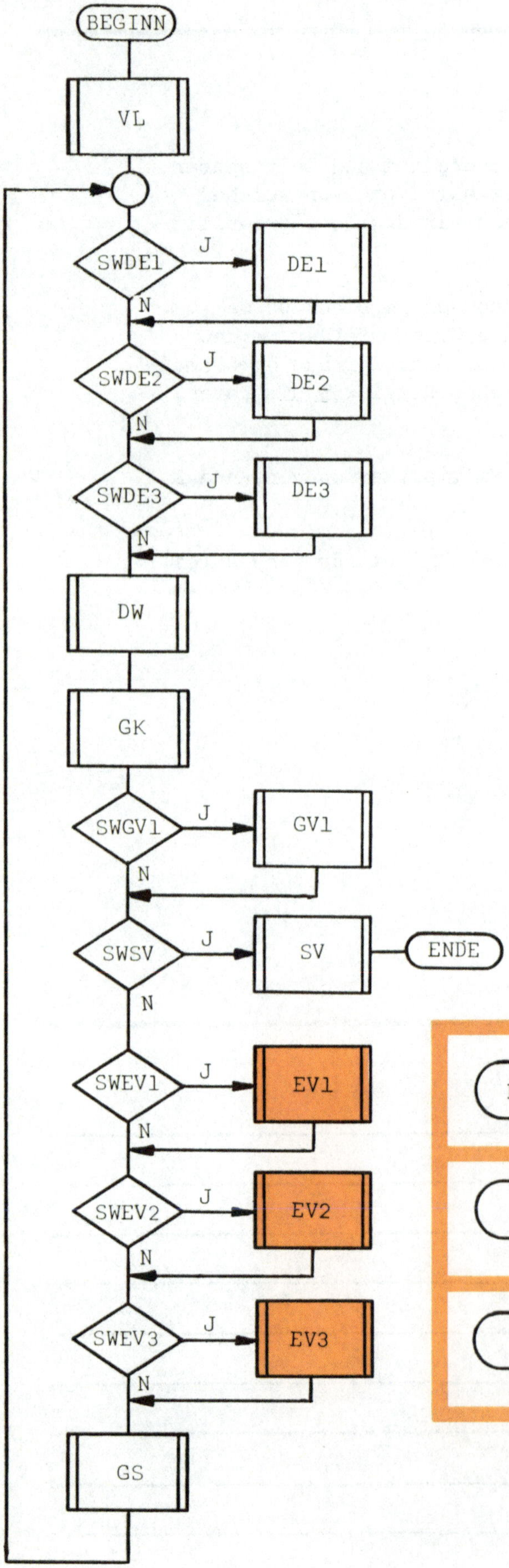

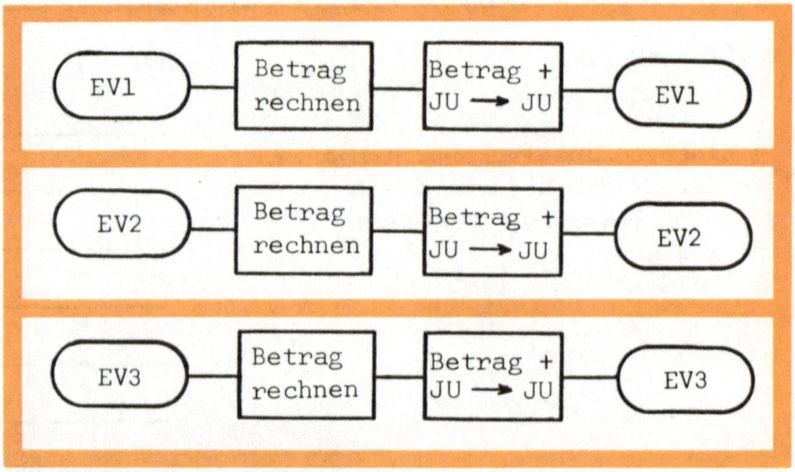

4.6 DIE EINZELVERARBEITUNG METHODE B

Wir können jeder Datei einen EV-Block zuordnen. Jeder EV-Block wird in diesem Falle in Abhängigkeit eines Schalters aufgerufen. Das Setzen dieser Schalter erfolgt im Block DA. Dabei wird beim Setzen des Schalters für die Datei auch der Schalter für die Einzelverarbeitung gesetzt.

Es ist möglich, dass bei komplizierten Einzelverarbeitungen ein Datensatz in mehr als einem EV-Block verarbeitet wird. Aus diesem Grunde muss nach jeder Einzelverarbeitung wieder in die Steuerleiste zurückgekehrt werden.

In unserem Beispiel sind alle drei EV-Blöcke gleich aufgebaut. Da jedoch jeder EV-Block die Daten der ihm zugeordneten Datei verarbeitet, sind sie nicht identisch.

ZUSATZINFORMATION

Ausser den Methoden A und B gibt es natürlich noch andere. Es ist dem Programmierer freigestellt, wie er seine Einzelverarbeitung aufbaut. Sie sollte jedoch immer übersichtlich sein.

NOTIZEN

5. Die Erweiterung von Jahresumsatz 1 zu Jahresumsatz 2

Beispiel Jahresumsatz 2

Muster der Ausgabe

KUNDEN-NR.	MONAT	UMSATZ	DURCHSCHNITT
12325	Januar	14'000.00	200.00
	Februar	28'160.00	320.00
	Mai	40'320.00	480.00
	.	.	.
	.	.	.
	.	.	.
	.	.	.
	Dezember	43'350.00	510.00
	Total	547'200.00	

KUNDEN-NR.	MONAT	UMSATZ	DURCHSCHNITT
12500	Januar	7'200.00	360.00
	.	.	.
	.	.	.
	.	.	.
	.	.	.
	August	22'700.00	11'350.00
	Total	61'400.00	

5. ERWEITERUNG VON JAHRESUMSATZ 1 ZU JAHRESUMSATZ 2

Als Erweiterung unseres Beispiels Jahresumsatz 1 soll die Liste ausgebaut werden.

- Mit jedem Kunden beginnt eine neue Seite.
- Es soll der Monatsumsatz und der durchschnittliche Bestellwert gerechnet werden.
- Der Monatsumsatz soll zum Jahresumsatz des Kunden addiert werden.
- Bei Kundenwechsel wird als letzte Zeile der Jahresumsatz ausgedruckt.

Was ändert sich an unserem Programm?

1. Die Gruppenfelder DGR, NGR, AGR werden erweitert.
2. In den Programmblöcken DE1 bis DE3 wird zusätzlich der Monat in das DGR eingefüllt.
3. Im Programmblock Gruppenkontrolle wird die Abfrage der Gruppenstufe sowie das Stellen des Schalters SWGV2 eingefügt.
4. Der Programmblock GV1 wird zum GV2 umbenannt und es wird ein neuer Programmblock GV1 für die Monatsverarbeitung eingefügt.
5. In der Einzelverarbeitung werden zusätzlich die Datensätze gezählt (für die Berechnung des Durchschnitts).

Die grösste Programmänderung ist das Erstellen des neuen Gruppenverarbeitungsblockes GV1.

ZUSATZINFORMATION

Vergleichen Sie einmal, was für Aenderungen bei der konventionellen Methode nötig wären.

NOTIZEN

5.1 DIE DATEIBEZOGENEN GRUPPENFELDER DGR

Bei Programmen mit mehreren Eingabedateien wird für jede Eingabedatei ein Dateigruppenfeld erstellt. Alle Dateigruppenfelder eines Programmes sind gleich lang und haben die gleiche Unterteilung und Reihenfolge der Datenfelder.

Als erstes Datenfeld steht rechts die Dateipriorität. Diese dient zur eindeutigen Bestimmung der Verarbeitungsreihenfolge. Da die Dateipriorität nur zur Steuerung der Dateiauswahl verwendet wird, wird sie als Steuerstufe bezeichnet.

Nach der Dateipriorität folgen von rechts nach links die Gruppenstufen. Beachten Sie, dass die ranghöchste Gruppe links, die rangniedrigste dagegen rechts steht. Haben Sie soeben an Politik gedacht?

Die Gruppenstufen werden auch als Dateigruppenelemente bezeichnet. Fehlen bei einer Datei für eine Gruppenstufe die Daten, so muss das entsprechende Datenfeld mit Low-Value aufgefüllt werden.

Uebrigens:Low-Value ist der kleinste binäre Wert der vom Computer dargestellt werden kann.

In unserem Beispiel besteht das DGR aus den zwei Gruppenstufen MONAT und KUNDE.

Denken Sie bei der Vergabe der Dateipriorität immer daran, dass sich die Priorität reziprok zum Zahlenwert verhält; kleiner Zahlenwert = hohe Priorität, grosser Zahlenwert = kleine Priorität.

NOTIZEN

DAS LESE-GRUPPENFELD LGR

Allgemeiner Aufbau

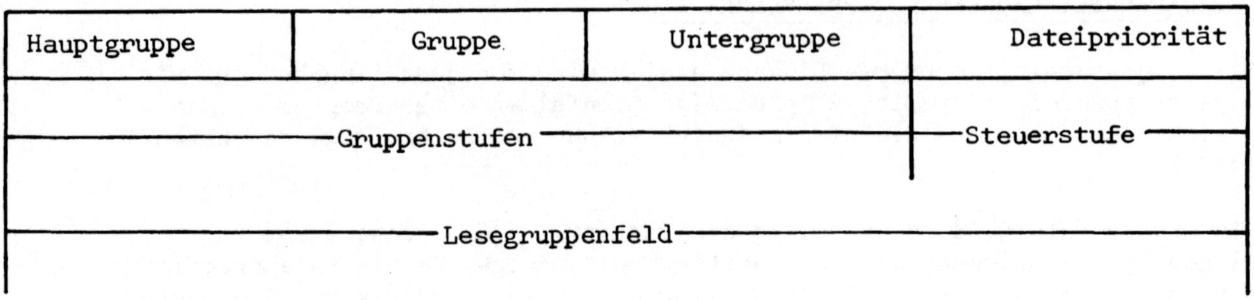

Beispiel eines LGR im Programm Jahresumsatz 2

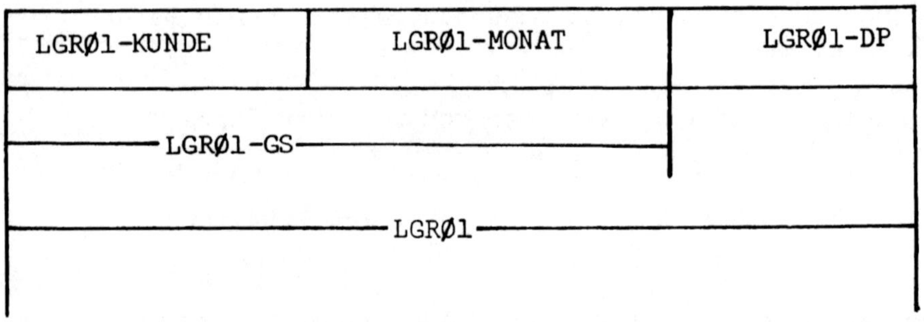

FRAGE	ANTWORT	IHRE LOESUNG
1. Wieviele Gruppenstufen darf ein LGR haben?	A. Drei B. Vier C. Beliebig D. Gleich wie das DGR	○
2. Ist die Reihenfolge der Gruppenstufen im LGR beliebig?	A. Nein, auf keinen Fall. B. Ja C. Ja, aber die Dateipriorität ist fest.	○
3. Benötigt ein LGR eine Dateipriorität?	A. Nein B. Ja, aber das Feld muss keine Prioritätsnr. enthalten. C. Ja, dieselbe wie das DGR der Dateieingabe in welcher es vorkommt.	○

5.2 DAS LESEGRUPPENFELD LGR

Unter der Bezeichnung LGR kann ein Gruppenfeld mit dem gleichen Aufbau wie das DGR in DE-Blöcken als Vergleichsfeld für gruppenselektives Lesen verwendet werden. Wir ermöglichen damit eine dateispezifische Satzauswahl in der Dateieingabe.

Sollen z.B. aus der Datei A die Kundenbeträge des Monats Januar nicht berücksichtigt werden, so kann dies wie folgt geschehen:

In das Feld LGRØ1-Monat wird der Wert Ø1 eingefüllt. (Dies kann im Vorlauf durch Parametereingabe erfolgen.) Durch Vergleichen des Feldes DGRØ1-MONAT mit LGRØ1-MONAT kann bei Gleichheit zum Lesen zurück verzweigt werden. Die Datensätze mit dem Monat Januar (Ø1) würden somit überlesen, ohne die Gesamtlogik unnötig zu belasten.

Wir werden diese Methode unter 5.5 "Selektives Lesen" noch näher untersuchen.

Die dateineutralen Gruppenfelder NGR AGR SGR

Allgemeiner Aufbau

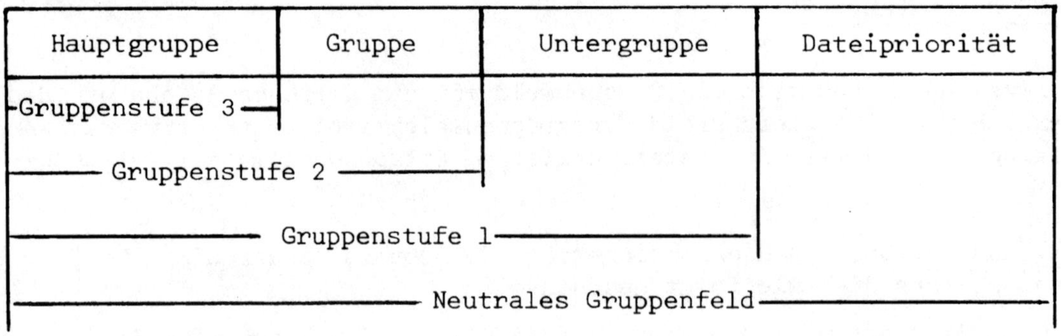

(1)

Beispiel des NGR im Programm Jahresumsatz 2

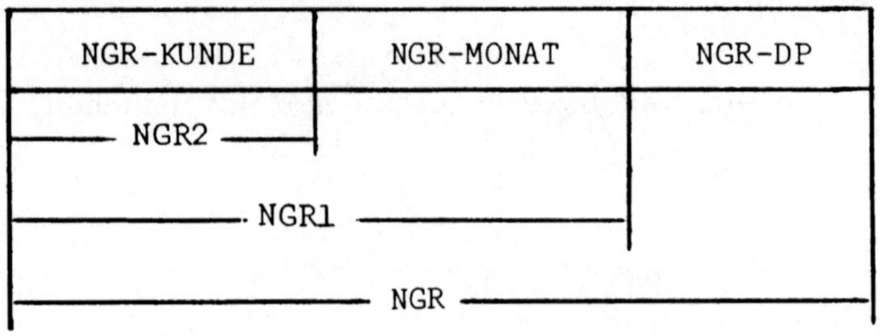

Beispiel des AGR im Programm Jahresumsatz 2

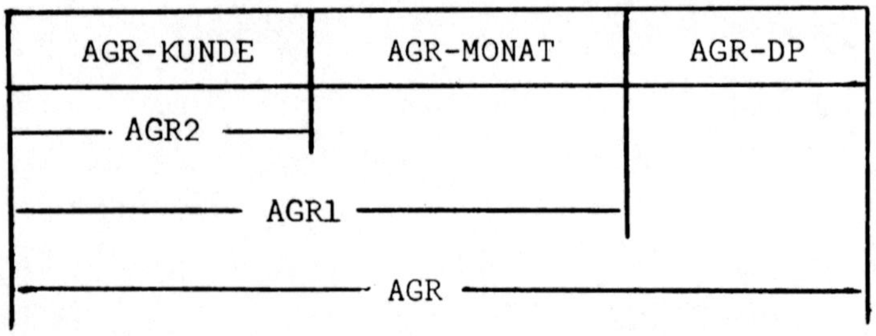

FRAGE	ANTWORT	IHRE LOESUNG
1. Was passiert, wenn die Gruppenfelder im NGR anderst benannt werden als im AGR?	A. Nichts B. Programm läuft nicht. C. Die Gruppenkontrolle läuft nicht. D. AGR wird zerstört.	

5.3 DIE DATEINEUTRALEN GRUPPENFELDER NGR, AGR, SGR

Für die Gruppenkontrolle benötigen wir zwei dateineutrale Gruppenfelder.

Das eine enthält die Gruppendaten des aktuellen, zur Verarbeitung bereitstehenden neuen Datensatzes.
Dieses Feld nennen wir neue Gruppe, abgekürzt NGR. Das andere Gruppenfeld enthält die Gruppendaten des Vorgängers, also des alten Datensatzes. Dieses Feld nennen wir alte Gruppe oder abgekürzt AGR.

Dass NGR und AGR gleich lang und gleich aufgebaut sein müssen, versteht sich von selbst. Ihr Aufbau muss aber auch gleich dem der DGR-Felder sein, wird doch in der Dateiauswahl das DGR mit dem kleinsten Inhalt nach NGR übertragen.

Beachten Sie bei NGR und AGR die Zusammenfassung der Gruppenstufen. Die erste Gruppenstufe umfasst alle Gruppenfelder, nicht aber die Dateipriorität. Die zweite Gruppenstufe umfasst alle Gruppenfelder mit Ausnahme des rangniedrigsten usw. ①

Für unser Beispiel bedeutet dies:

Wechselt der Monat, so ist NGR1 ≠ AGR1 und es wird die Verarbeitung für den Monat eingeleitet.

Wechselt der Kunde, so ist sowohl NGR1 ≠ AGR1 als auch NGR2 ≠ AGR2. Es wird somit zuerst die Monatsverarbeitung und anschliessend die Jahresverarbeitung durchgeführt.

Das Steuergruppenfeld SGR ist ein Hilfsfeld mit demselben Aufbau wie NGR und AGR. Es wird oft in der Gruppenkontrolle verwendet, zum Uebersteuern eines Gruppenbruches. Da sein Anfangswert High-Value beträgt, kann mit dem SGR auch der erste Gruppenbruch gesteuert werden.

ZUSATZINFORMATION

AGR und NGR stehen in der Gruppen- und Einzelverarbeitung auch für problemabhängige Abfragen zur Verfügung, da sie erst in der Gruppensicherung verändert werden (AGR = NGR).

NOTIZEN

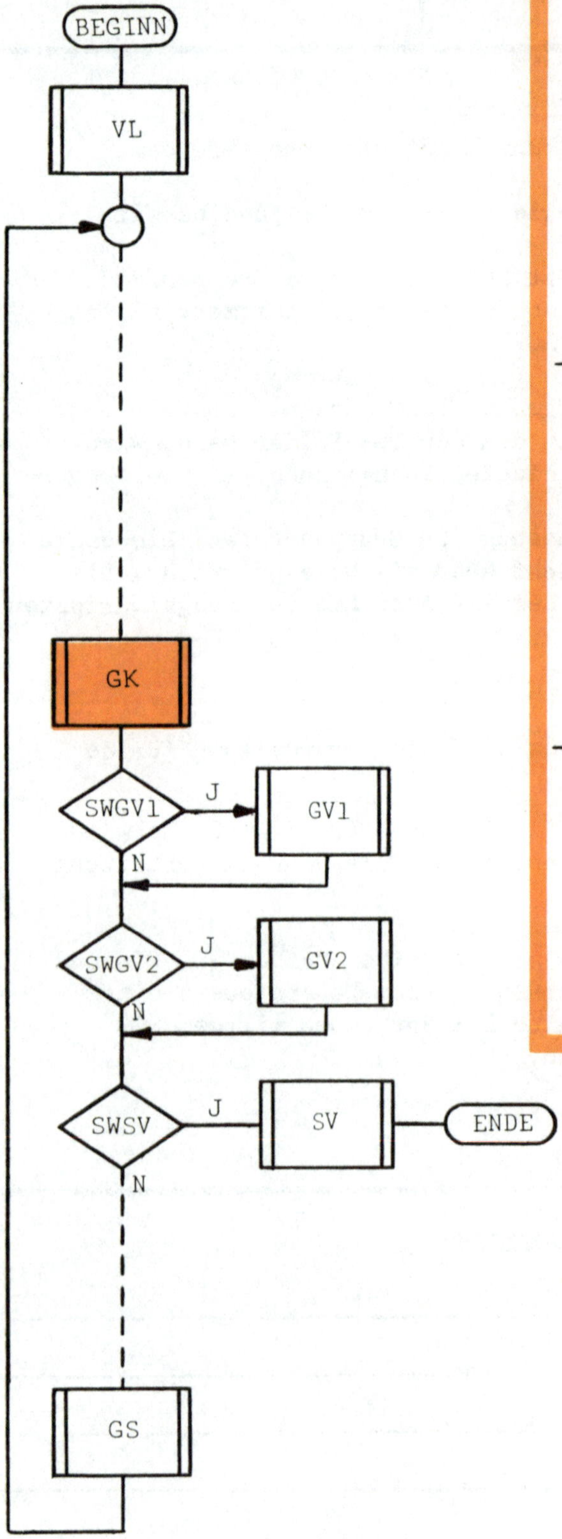
BEGINN
VL
GK
SWGV1
J
N
GV1
SWGV2
J
N
GV2
SWSV
J
N
SV
ENDE
GS

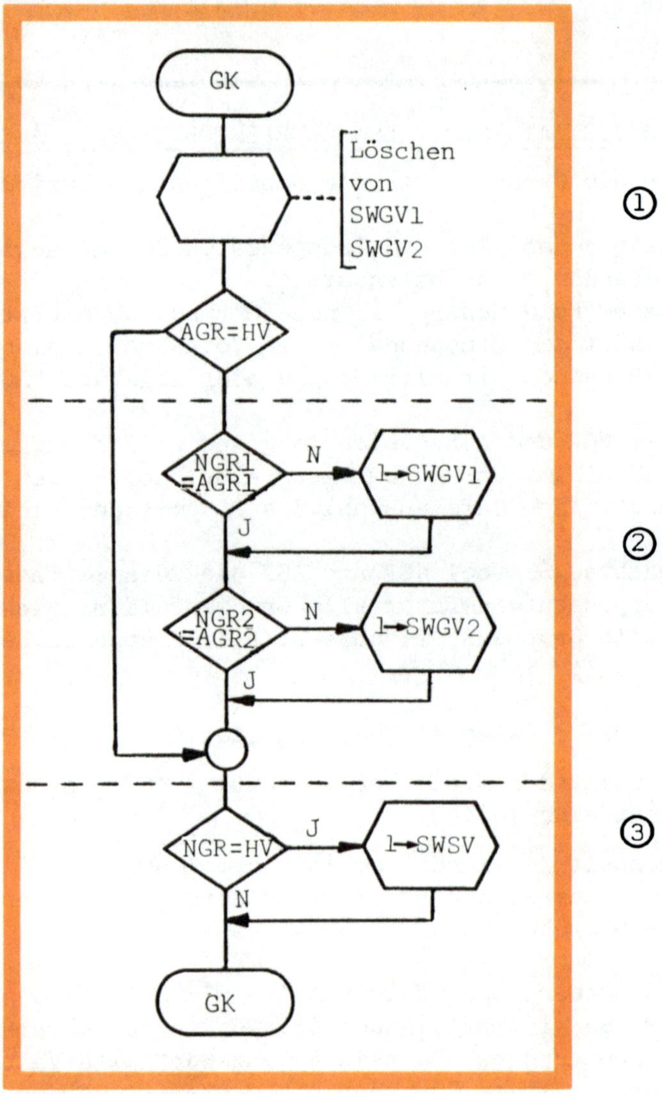
GK
Löschen von SWGV1 SWGV2
AGR=HV
NGR1 =AGR1
N
J
1→SWGV1
NGR2 =AGR2
N
J
1→SWGV2
NGR=HV
J
N
1→SWSV
GK
①
②
③

5.4 MEHRSTUFIGE GRUPPENKONTROLLE

Nun wissen Sie ja, wie NGR und AGR aufgebaut sind. Somit ist es für Sie leicht, die Gruppenverarbeitung mit mehreren Gruppenstufen zu verstehen.

Die Steuerung der Gruppenverarbeitung erfolgt im Programmblock Gruppenkontrolle GK. Die Logik der GK ist Ihnen in der Zwischenzeit sicher geläufig. Wenn nicht, denken Sie daran:

a) Löschen der Gruppenschalter (SWGV1, SWGV2). ①

b) Gruppenbruchkontrolle und Setzen der Schalter. ②

c) End-Abfrage und Setzen des Schalters SWSV. ③

Unsere Programmerweiterung betrifft nur die Punkte a) und b).

Zu Punkt a) stellen wir fest, dass alle Gruppenschalter, welche in diesem Programmblock vorkommen, gelöscht werden müssen.

Zu Punkt b) können wir sagen: Für jede Gruppenstufe findet ein Vergleich AGR - NGR statt. Bei Ungleichheit wird der jeweilige Gruppenstufenschalter gesetzt. Die Reihenfolge der Abfragen ist im allgemeinen so, wie sie auf der linken Seite dargestellt ist. ②

Die Gruppenverarbeitung erfolgt in der Reihenfolge der Gruppenstufen. Als erste Gruppenverarbeitung erfolgt jene der rangniedrigsten Gruppenstufe. Als letzte die der ranghöchsten.

ZUSATZINFORMATION

Im Gegensatz zur konventionellen Methode, wird bei der normierten Programmierung auf jeder Gruppenstufe nur eine Gruppenverarbeitung ausgeführt.

NOTIZEN

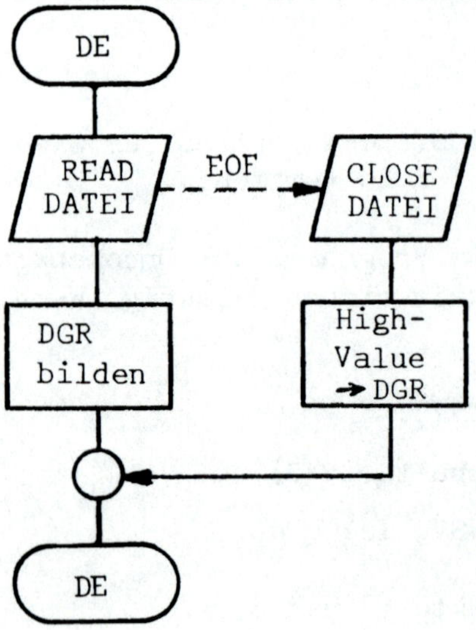

Normaler DE-Block

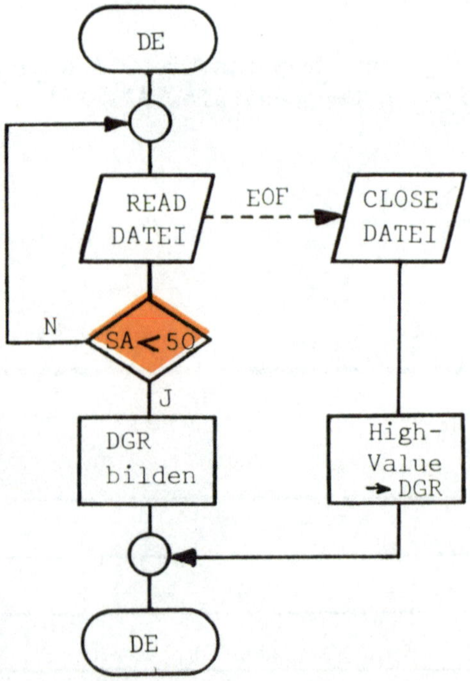

① DE-Block mit Satzauswahl

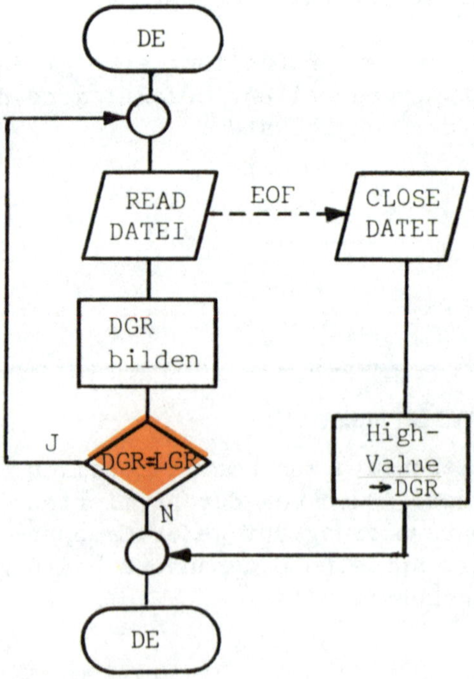

② DE-Block mit Gruppenauswahl

5.5 SELEKTIVES LESEN

Selektives Lesen lässt sich in der normierten Programmierung sehr einfach lösen. Da für jede Eingabedatei ein Programmblock DE vorhanden ist, kann die Selektion unabhängig für jede Datei erfolgen.

Beispiel 1: Auf einer Datei befinden sich Datensätze mit der Satzart 3Ø, 4Ø, 5Ø und 6Ø. Von diesen Datensätzen sollen nur jene mit der Satzart 3Ø und 4Ø verarbeitet werden.
Durch eine einfache Abfrage in der Dateieingabe ist das Problem gelöst. (1)

Beispiel 2: Von einer Datei, welche nach Vertreter und Region sortiert ist, soll eine Vertreterstatistik erstellt werden. Ausgenommen von dieser Statistik ist der Vertreter Meier mit der Vertreternummer ØØ7, aber nur für die Region Zürich.
Mit Hilfe eines LGR-Feldes ist auch dieses Problem einfach zu lösen. (2)

Das LGR-Feld ist zwar gleich aufgebaut wie das DGR-Feld, kann aber im Gegensatz zu diesem auch im Vorlauf, in der Gruppenverarbeitung und in der Einzelverarbeitung mit Daten beschickt werden. Ausserdem hängt es vom Problem ab, wieviele LGR-Felder man verwenden möchte, wogegen für jede Eingabedatei ein DGR-Feld vorhanden sein muss.

ZUSATZINFORMATION

Besteht ein logischer Satz aus mehreren physischen Sätzen, so wird er in der Regel nicht im Block DE zusammengesetzt. Dies erfolgt in der Einzelverarbeitung. Mit dieser Methode erspart man sich eine Gruppenkontrolle in der Datei-Eingabe.

NOTIZEN

Die Dateiprüfung DP

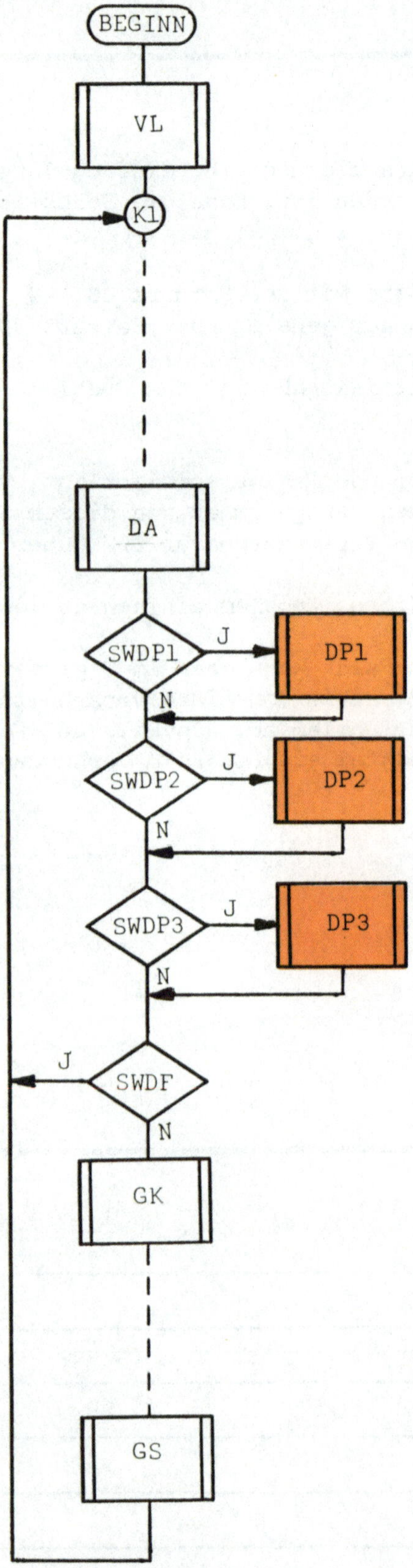

5.6 DIE DATEIPRUEFUNG DP

Oft sind dateiabhängige Prüfungen (Sequenzkontrolle etc.) notwendig. Um die Uebersichtlichkeit der DE-Blöcke zu wahren, werden diese Prüfungen in eigenen Blöcken, den DP-Blöcken, durchgeführt. Angesteuert wird jeder DP-Block über einen eigenen Schalter, welcher im DA-Block gelöscht und gesetzt wird. Wird z.B. im Block DA festgestellt, dass die Datei 1 (Jan. - April) das kleinste DGR hat, werden die Schalter SWDE1 und SWDP1 gesetzt. Der Block DP1 wird dann über SWDP1 angesprochen. Bei Daten- bzw. Dateifehlern wird im DP-Block der Schalter SWDF gesetzt. Dieser Schalter wird in der Steuerleiste als letzte Abfrage vor der Gruppenkontrolle geprüft. Ist der Schalter gesetzt, verzweigt das Programm zum Konnektor K1.

Vielleicht fragen Sie sich, warum die Dateiprüfung nach der Dateiauswahl erfolgt?

Nun, das kommt daher: Die Sortierfolge ist vor dem DA-Block nicht gewährleistet. Dies würde bei Fehlermeldungen, die sich auf sortierte Daten beziehen, sehr stören.

ZUSATZINFORMATION

Der Programmblock DP wird nicht in allen Systemen der normierten Programmierung verwendet. Er hat sich jedoch in der Praxis als sehr nützlich erwiesen. Wir können Ihnen deshalb diese Lösung bestens empfehlen.

NOTIZEN

6. Uebungsaufgabe

UEBUNGSAUFGABE

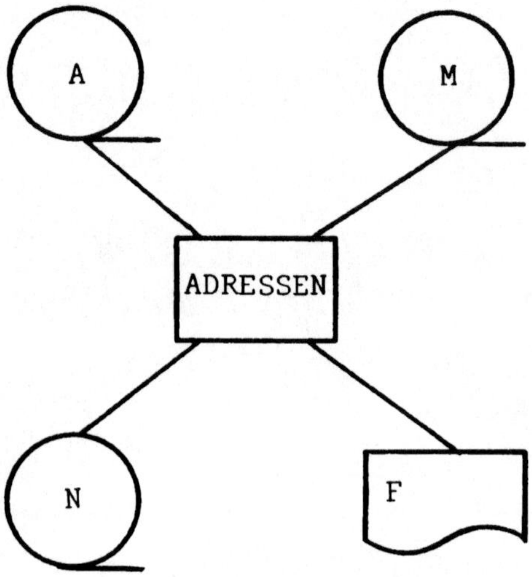

①

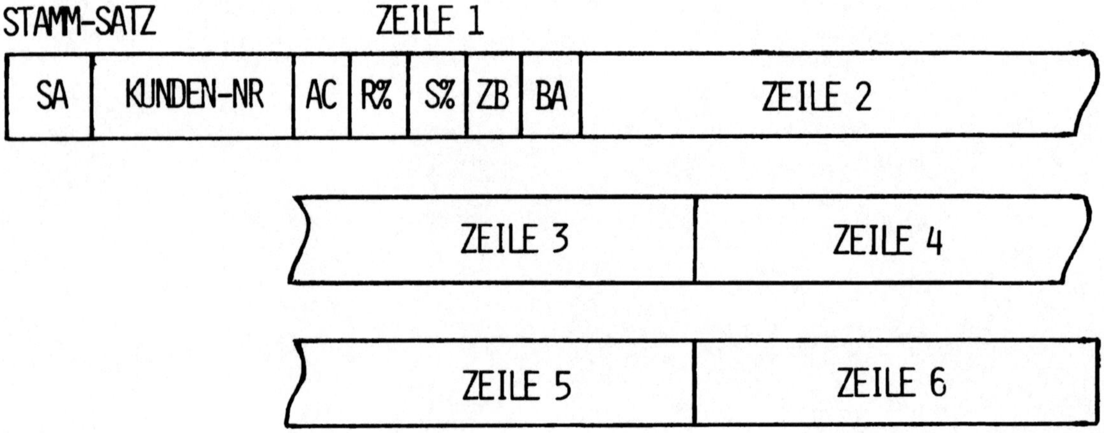

②

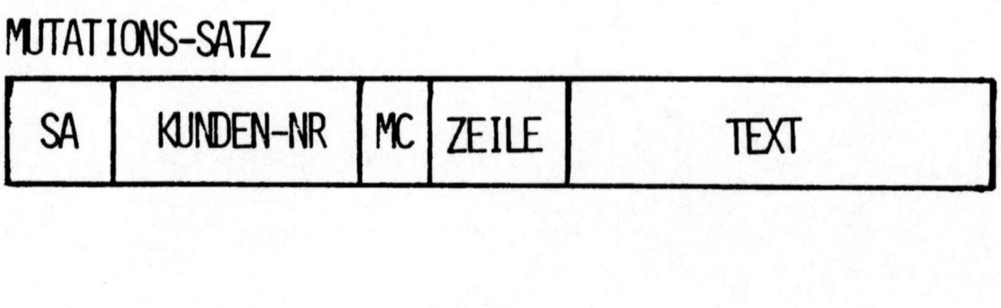

③

6.1. AUFGABENSTELLUNG

Für die Pflege der Kundenadressdatei ist das Mutationsprogramm "ADRESSEN" zu erstellen. ①

Trotz seiner Einfachheit gibt Ihnen diese Aufgabe die Möglichkeit, alles über normierte Programmierung gelernte zu vertiefen.

6.1.1 AUFBAU DER DATEIEN

a) Eingabe-Datei A = Stammdatei ALT ②

Diese Datei enthält n Stammsätze. Jeder Stammsatz stellt eine Adresse dar. Die Datenfeler bedeuten folgendes:

SA	=	2 Stellen	Satzart = 1Ø	
KUNDEN-NR	=	8 Stellen	Kunden-Nummer	
AC	=	1 Stelle	Anrede-Code	1 = Herrn 2 = Frau 3 = Fräulein 4 = Firma 5 = Leerzeile
R %	=	3 Stellen	Rabatt in Prozenten, eine Dezimalstelle	
S %	=	3 Stellen	Skonto in Prozenten, eine Dezimalstelle	
ZB	=	1 Stelle	Zahlungsbedingung	1 = 30 Tage 2 = 60 Tage
BA	=	2 Stellen	Branchencode	
ZEILE 2 - ZEILE 6	=	Textzeilen der Adresse (je 20 Stellen)		

b) Ausgabe-Datei N = Stammdatei NEU

Die Stammdatei NEU hat denselben Aufbau wie die Stammdatei ALT. ②

c) Eingabe-Datei M = Mutationen ③

Jeder Mutationssatz enthält eine Adresszeile (siehe Stammdatei). Der Mutationscode MC zeigt an, ob es sich dabei um eine Löschung, eine Mutation oder um einen Neuzugang handelt. Die Datenfelder bedeuten:

SA	= 2 Stellen	Satzart = 15
KUNDEN-NR	= 8 Stellen	Kunden-Nummer
MC	= 1 Stelle	Mutationscode 1 = Löschung 2 = Neuzugang 3 = Mutation
ZEILE	= 1 Stelle	Zeilencode (gibt an, welche Zeile der Adresse mutiert werden soll).
TEXT	= 20 Stellen	Zeileninhalt der Adress-Zeile

d) Ausgabe-Datei F = Fehlerliste

Mögliche Fehlermeldungen sind:

A) Kein Stammsatz mit der Nr. nnnnnnnn vorhanden (bei Mutationen und Löschungen)

B) nnnnnn Kundennummer bereits vorhanden (bei Neuzugängen)

6.1.2 VERARBEITUNGSREGELN

Alle Daten der Datei "M" sind bereits auf Plausibilität geprüft.

- Lesen von Stammsätzen und Mutationen

- Kundennummer-Stammsatz-ALT < Kundennummer-Mutation:
  Der Stammsatz-ALT wird ohne Aenderung auf die Datei N geschrieben.

- Kundennummer-Stammsatz-ALT = Kundennummer-Mutation:

a) Mutationscode = 1	Stammsatz wird gelöscht und daher nicht auf Datei N übernommen. (In unserer Lösung verwenden wir den Schalter SWL für die Löschungsanzeige)
b) Mutationscode = 2	Fehlermeldung B) ausgeben.
c) Mutationscode = 3	Mutation gemäss Zeilencode durchführen.

- Kundennummer-Stammsatz-ALT > Kundennummer-Mutation:
  Nur MC = 2 ist zulässig, sonst Fehlemerlung A).

- Am Ende der Verarbeitung sollen Kontrollwerte in nachfolgender Form ausgegeben werden:

  Adressbestand-ALT =
  Neuzugänge =
  Löschungen =
  Adressbestand-NEU =

Zeichnen Sie die Steuerleiste und für jeden Programmblock das Grobdiagramm.

Vergleichen Sie bitte Ihre Lösung erst mit der unsrigen, wenn Sie von Ihrer überzeugt sind. Viel Erfolg!

6.2 LOESUNG

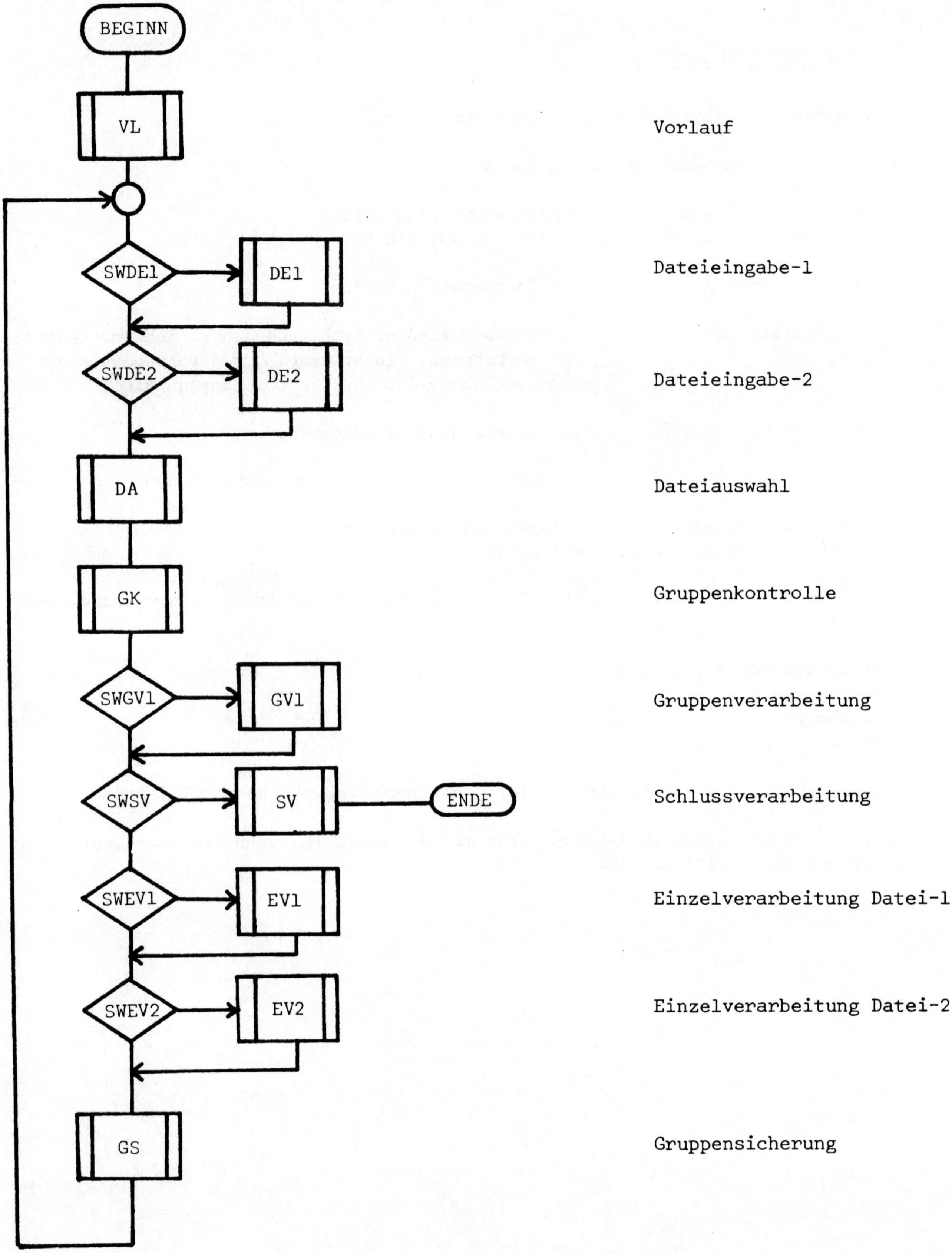
BEGINN
VL
Vorlauf
SWDE1
DE1
Dateieingabe-1
SWDE2
DE2
Dateieingabe-2
DA
Dateiauswahl
GK
Gruppenkontrolle
SWGV1
GV1
Gruppenverarbeitung
SWSV
SV
ENDE
Schlussverarbeitung
SWEV1
EV1
Einzelverarbeitung Datei-1
SWEV2
EV2
Einzelverarbeitung Datei-2
GS
Gruppensicherung

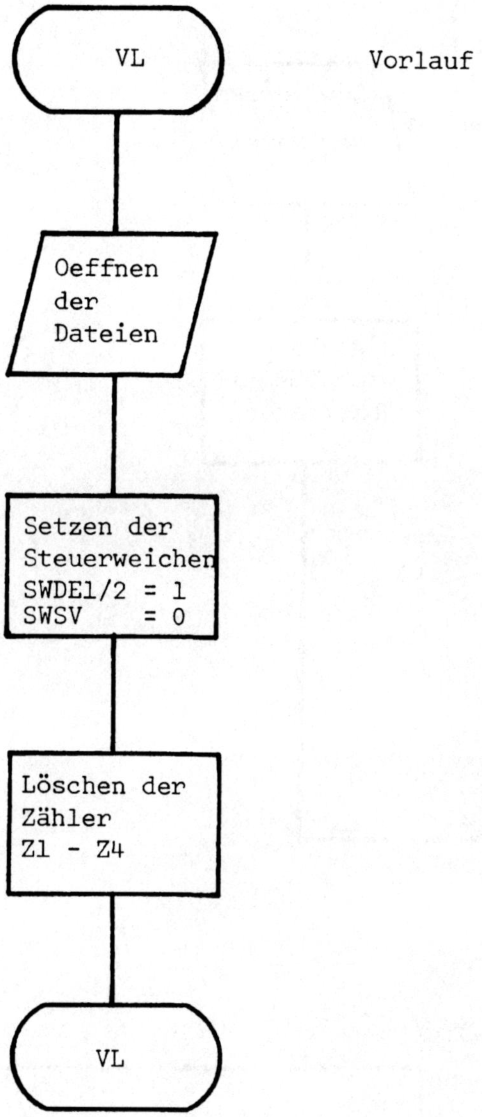
VL
Vorlauf
Oeffnen der Dateien
Setzen der Steuerweichen
SWDE1/2 = 1
SWSV = 0
Löschen der Zähler
Z1 - Z4
VL

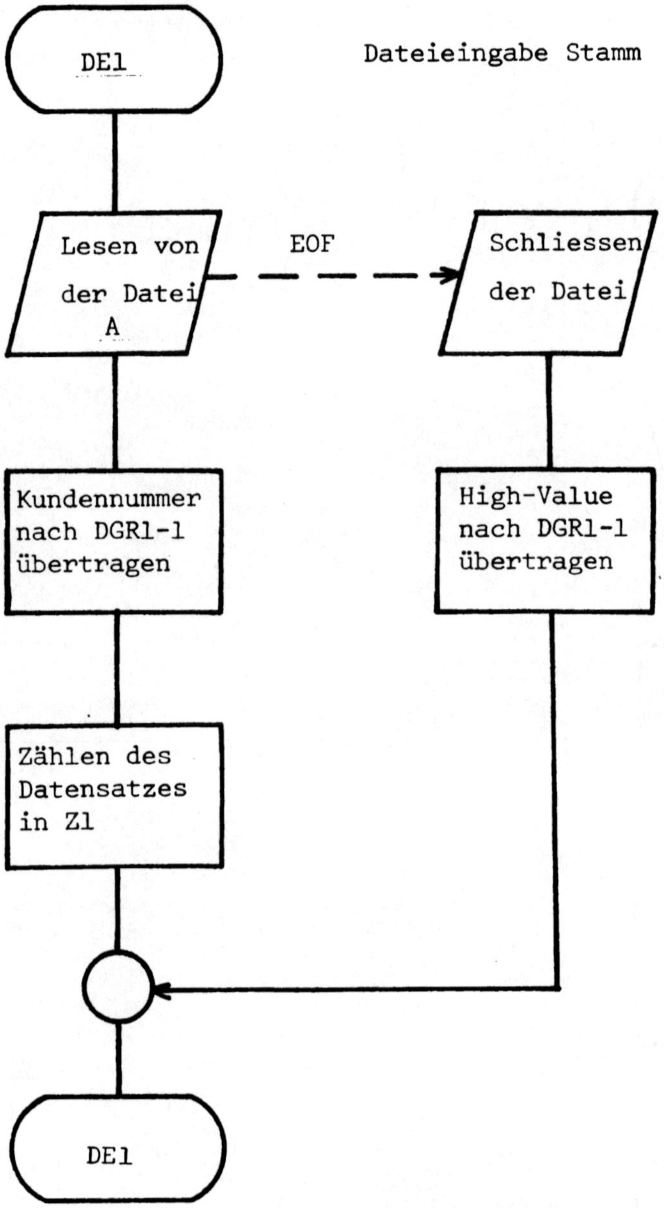
DE1
Dateieingabe Stamm
Lesen von der Datei A
EOF
Schliessen der Datei
Kundennummer nach DGR1-1 übertragen
High-Value nach DGR1-1 übertragen
Zählen des Datensatzes in Z1
DE1

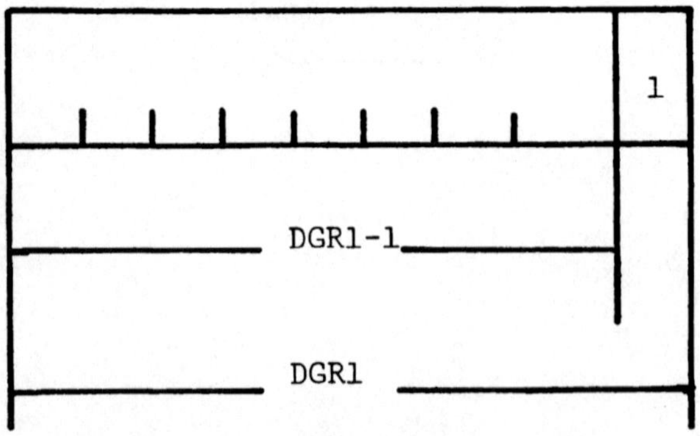
1
DGR1-1
DGR1

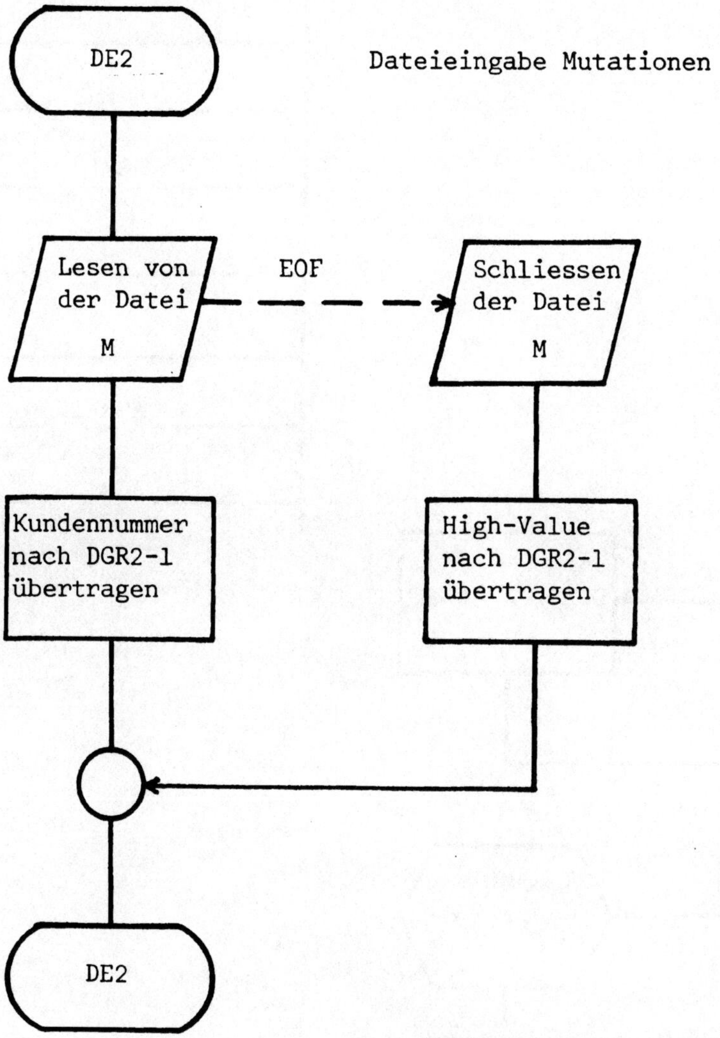
DE2
Dateieingabe Mutationen
Lesen von der Datei
M
EOF
Schliessen der Datei
M
Kundennummer nach DGR2-1 übertragen
High-Value nach DGR2-1 übertragen
DE2

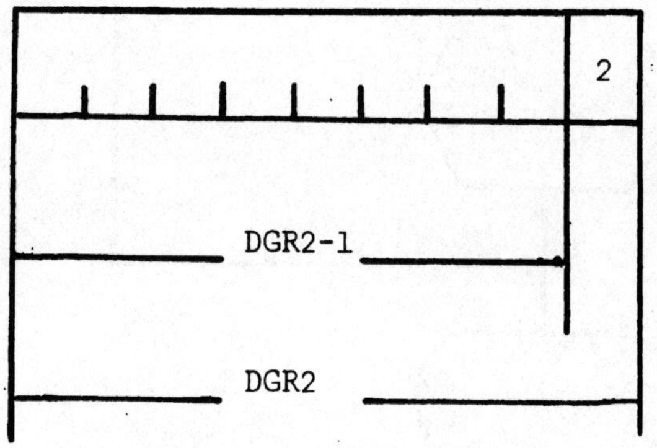
2
DGR2-1
DGR2

Dateiauswahl

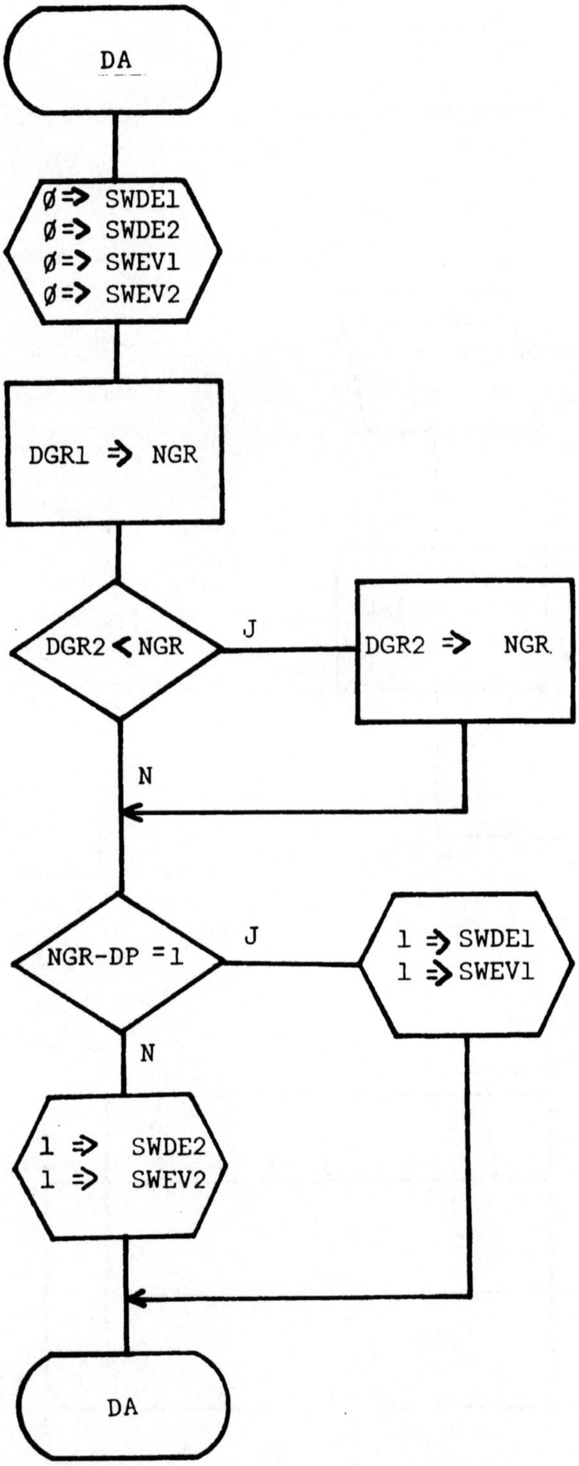

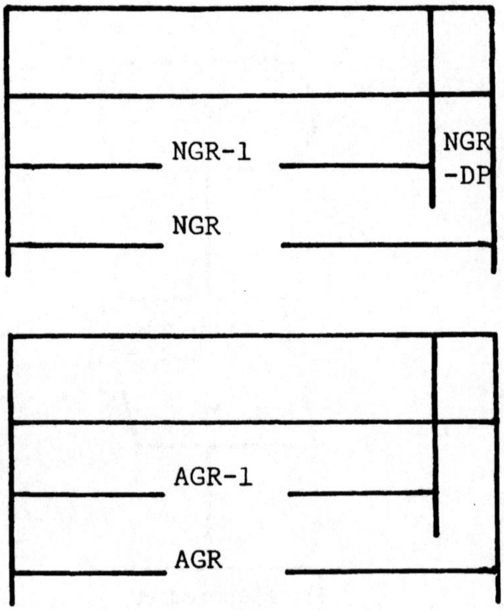

Gruppenkontrolle

HV = High-Value

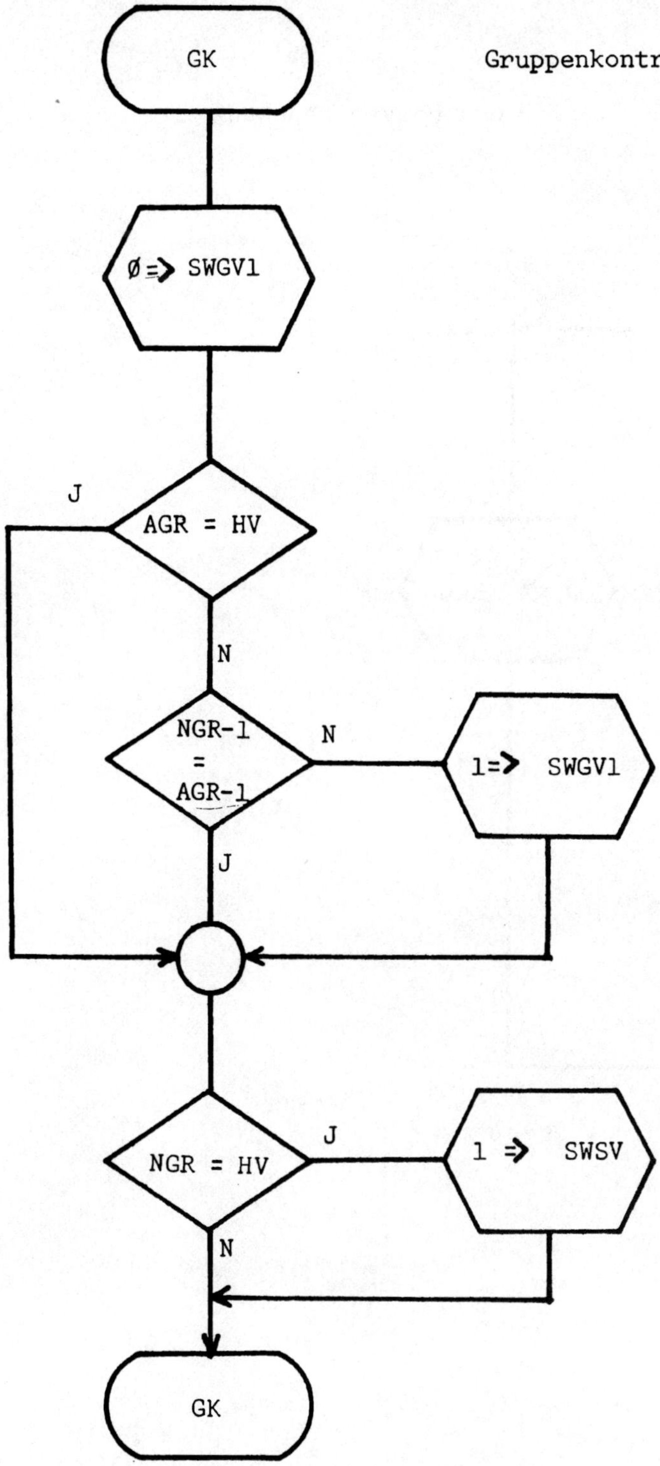

Gruppenverarbeitung

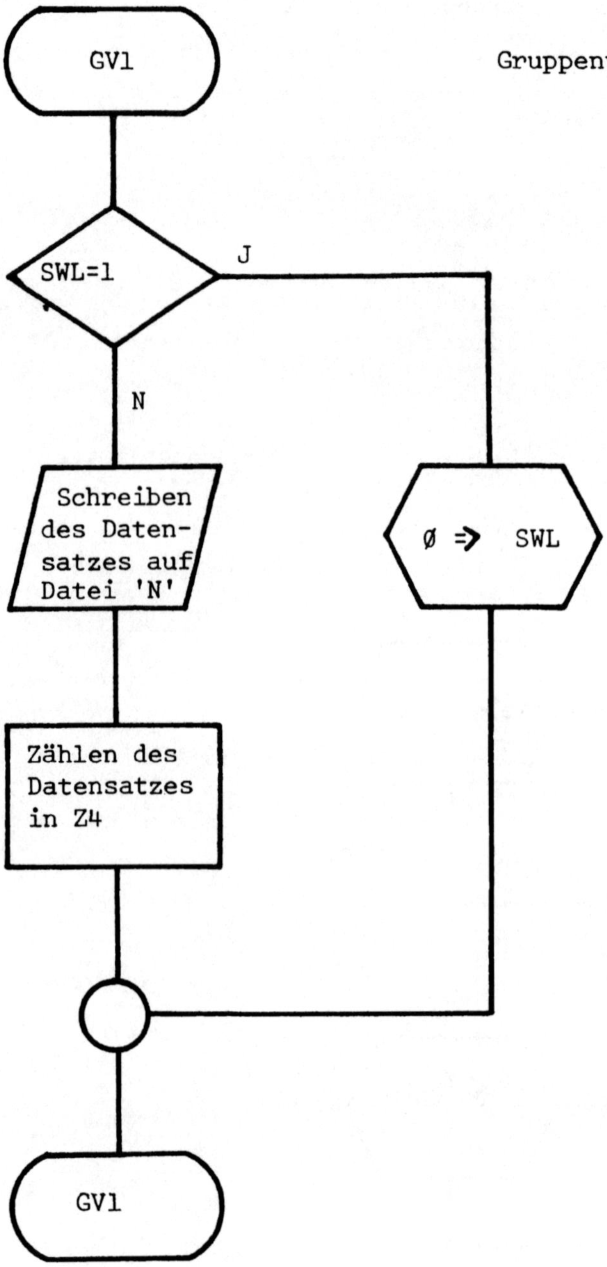

Schlussverarbeitung

Einzelverarbeitung Stamm

Einzelverarbeitung Mutationen

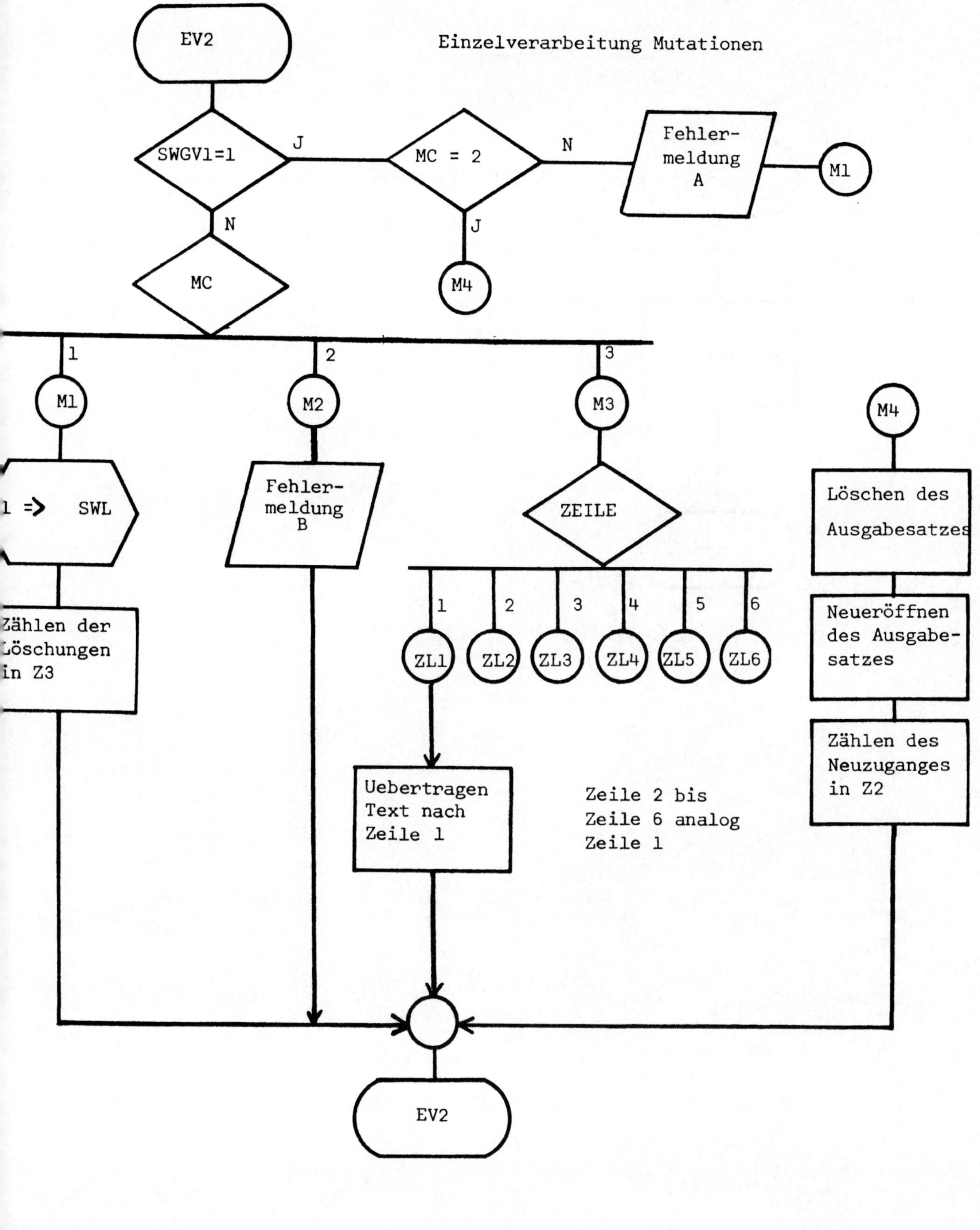

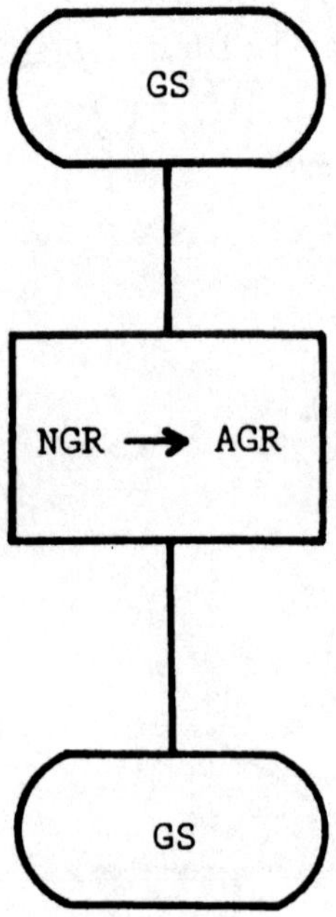

Gruppensicherung

7. Antworten und Lösungen

SEITE	SCHLUESSEL
78	A
94	D, C
98	A, B
100	B, D
102	D, C
104	B
116	D, A, C
120	A, Namen haben keine Bedeutung. Der Aufbau von NGR und AGR muss gleich sein.

1. GRUNDLAGEN

③ Regel-Nr.

		1	2	3
①	Wetter warm?	Y	Y	N
	Wassertemperatur > 20° ?	Y	N	-
②	Ins Freibad gehen	X		
	Ins Hallenbad gehen		X	X

④

1.1 EINFUEHRUNGSBEISPIEL

Gehen Sie gerne Schwimmen? Da wir Sie bei der Erstellung dieses Kurses nicht fragen konnten, nehmen wir an, Sie gehen sehr gerne. Wir natürlich auch. Am liebsten ins Freibad, aber natürlich nur wenn das Wetter warm ist und die Temperatur des Wassers mehr als 20° beträgt. Denn sonst ziehen wir es vor, ins Hallenbad zu gehen.

Um auf den Kern der Sache zu kommen. Wir machen unsere Entscheidung, ob wir ins Freibad oder ins Hallenbad gehen wollen von zwei Bedingungen abhängig.
Die erste Bedingung ist das Wetter.
Die zweite Bedingung ist die Wassertemperatur.

Wir tragen die beiden Bedingungen

"Wetter warm?" und "Wassertemperatur grösser als 20 Grad" in den ersten Quadranten ein. ①

Ebenso tragen wir die beiden Aktionen

"Ins Freibad gehen" und "Ins Hallenbad gehen" in den zweiten Quadranten ein. ②

Wir wollen nur ins Freibad gehen, wenn das Wetter warm ist und die Wassertemperatur mehr als 20° beträgt. Wir tragen zu den beiden Bedingungen die Antwort Y im 3. Quadranten ③ ein und machen im 4. Quadranten ④ ein Kreuz (X) in die Zeile mit der gewünschten Aktion.

Ist das Wetter warm, aber die Wassertemperatur nicht $\geq$ 20°, tragen wir bei den entsprechenden Bedingungen die Antworten Y und N ein und machen das X bei der Aktion "Ins Hallenbad gehen".

Wenn die Bedingung "Wetter warm" nicht erfüllt ist, gehen wir ins Hallenbad. Ob das Wasser eine höhere Temperatur als 20° hat, interessiert uns nicht mehr.

NOTIZEN

Tabellenbezeichnung ⑥		Regelnummern			
		R1	R2	R3	⑤
Bedingungen ①		Bedingungsanzeiger ③			
B1	Wetter warm	Y	Y	N	
B2	Wassertemperatur $> 20^{\circ}$	Y	N	-	
A1	Ins Freibad gehen	X	-	-	
A2	Ins Hallenbad gehen	-	X	X	
Aktionen ②		Aktionsanzeiger ④			

Bedingungsteil (Bedingungen, Bedingungsanzeiger)

Aktionsteil (Aktionen, Aktionsanzeiger)

FRAGE	ANTWORT	IHRE LOESUNG
1) In welchem Teil der ET werden die Bedingungen gestellt und zugleich festgestellt, ob sie zutreffen oder nicht?	A) Im Bedingungsanzeiger B) Im Aktionsteil C) Im Bedingungsteil D) Bezeichner der Entscheidungsregeln	○
2) Aus welchen Teilen besteht der Aktionsteil einer ET?	A) Aktionsanzeiger B) Aktionen C) Bedingungen D) Aktionen und Aktionsanzeiger	○
3) Müssen die Anzahl der Bedingungen zu der Anzahl der Aktionen in einem bestimmten Verhältnis stehen?	A) Ja B) Nein	○

1.2. GRUNDELEMENTE VON ENTSCHEIDUNGSTABELLEN

Die ET besteht aus sechs Teilen.

Im 1. Quadranten werden die Bedingungen ①, im 2. Quadranten die Aktionen ②, zeilenweise eingetragen.

Im Bedingungsanzeigerteil ③ werden kolonnenweise die Bedingungsregeln eingetragen. Das Zeichen Y = YES bedeutet, dass die gestellte Bedingung zutrifft. Das Zeichen N = NO besagt, dass die Bedeutung nicht zutrifft. Das Zeichen " - " = bedeutungslos (auch irrelevant genannt) besagt, dass die Bedingung in dieser Regel nicht geprüft werden muss.

Im Aktionsanzeigerteil ④ werden kolonnenweise die Aktionsregeln eingetragen. Das Zeichen x bedeutet, dass die Aktion ausgeführt werden muss. Das Zeichen " - " bedeutet, dass die Aktion nicht ausgeführt wird.

Um mit einer Tabelle möglichst einfach und rationell arbeiten zu können, werden die Entscheidungsregeln (Spalten) numeriert ⑤. Nicht zuletzt gehört in das mit "Tabellenbezeichnung" genannte Feld ein Name für die Entscheidungstabelle, damit in Programmen mit verschiedenen ET die gewünschte ET sofort identifiziert werden kann ⑥.

ZUSATZINFORMATION

Der Bedingungsteil einer ET besteht aus den Bedingungen und dem Bedingungsanzeiger.

Die Aktionen und der Aktionsanzeiger bilden zusammen den Aktionsteil einer ET.

NOTIZEN

		(3)	(1)		(2)
ET - A		E	R1	R2	R3
B1	Daten numerisch		Y	Y	N
B2	Letzte Stelle = 6		N	N	Y
B3	Erste Stelle >0		Y	N	-
A1	Drucke Fehlermeldung		-	-	X
A2	Springe in ET - B		X	-	-
A3	Springe in ET - C		-	X	-
A4	Fehlermeldung und Programmabbruch	X	-	-	-

(4)

Komplexe Regel:	Einfache Regeln:	
N	N	N
Y	Y	Y
-	Y	N

FRAGE | ANTWORT | IHRE LOESUNG

1) Wann ist eine Regel komplex ?

A) Wenn sie viele Y- und N-Zeichen im Aktionsanzeiger aufweist
B) Wenn zwei einfache Regeln zu einer zusammengefasst werden, weil bei einer Bedingung bei Yes und No die gleiche Aktion ausgeführt werden muss
C) Wenn mehrere einfache Regeln mit einer Regel abgedeckt werden

2) Welche Regel wird ausgeführt, wenn sowohl die Bedingung B1 als auch die Bedingung B2 zutreffen?

A) ELSE Regel
B) Regel R1
C) Regel R2
D) Regel R3
E) keine Regel

1.3. BEGRIFFE DER ENTSCHEIDUNGSTABELLE

Der Begriff "Entscheidung" kann wie folgt definiert werden:

- Es besteht eine Situation mit mehreren Handlungsmöglichkeiten (= Aktionen oder Aktionsfolgen)
- eine Entscheidung ist zur Auswahl einer oder mehrerer Aktionen oder Aktionsfolgen erforderlich
- für die Auswahl der Aktionen oder Aktionsfolgen ist die Prüfung von Bedingungen erforderlich

Für die ET benötigen wir drei verschiedene Arten von Entscheidungsregeln:

- die einfache Entscheidungsregel ①
- die komplexe Entscheidungsregel ②
- die ELSE-Regel ③

Die Regeln 1 und 2 sind einfache Entscheidungsregeln. Im Bedingungsanzeigerteil finden wir nur die Werte Y und N.

In der Regel 3 ist eine Bedingung irrelevant. Wir nennen diese Regel komplex, da sie zwei einfache Regeln beinhaltet ④.

Die ELSE-Regel trifft immer dann zu, wenn eine Bedingungskombination (Regel) eintritt, die in der ET nicht ausdrücklich aufgeführt wird. In der Muster ET "ET-A" werden beispielsweise die Regeln NN- und YY- von der ELSE-Regel abgedeckt.

NOTIZEN

Bezeichner der Entscheidungsregeln

	Tabellenbezeichnung	R1	R2	R3		RZ
B1	Bedingung 1	Y	Y	Y		N
B2	Bedingung 2	-	N	Y		N
B3	Bedingung 3	-	-	N		N
:						
BX	Bedingungen					
A1	Aktion 1	X	-	-		-
A2	Aktion 2	-	X	X		-
A3	Aktion 3	-	-	-		-
AY	Aktion n	X		X		X

Bezeichner der Bedingungen ①

Bezeichner der Aktionen ②

Entscheidungsregeln

Rabatt - Tabelle		E	R1	R2	R3	R4
B1	Anzahl Exemplare 1 - 4		Y	N	N	N
B2	Anzahl Exemplare 5 - 9		-	Y	N	N
B3	Anzahl Exemplare 10 - 99		-	-	Y	N
B4	Anzahl Exemplare 100 - n		-	-	-	Y
A1	5 % Rabatt	-	-	X	-	-
A2	10 % Rabatt	-	-	-	X	-
A3	15 % Rabatt	-	-	-	-	X
A4	Kein Rabatt	-	X	-	-	-
A5	Fehlermeldung "Anzahl Exemplare < 1"	X	-	-	-	-

③

FRAGE | ANTWORT | IHRE LOESUNG

1) Kann die ELSE-Regel zur Beschreibung von Fehlerausgängen verwendet werden?

A) Nein
B) Ja
C) Bedingt

○

2) Warum verwenden wir das irrelevant-Zeichen (-) in den ET?

A) Damit Bedingungen, die nicht mehr zutreffen können, nicht mehr abgefragt werden müssen.
B) Um eine Regel einzusparen.
C) Um eine komplexe Tabelle aufzubauen.

○

1.4. ZUSAMMENFASSUNG ZU KAPITEL 1.

Grundelemente von ET:

- Tabellenbezeichnung
- die Bezeichnung der Entscheidungsregeln
- die Bedingungen
- die Aktionen
- den Bedingungsanzeiger und
- den Aktionsanzeiger

Die Bezeichner der Bedingungen ①, sowie die Bezeichner der Aktionen ② nummerieren die eingetragenen Bedingungen und Aktionen.

Im Bedingungsanzeiger:

Y = Bedingung erfüllt
N = Bedingung nicht erfüllt
\- = Bedingung irrelevant

Aktionsanzeiger:

X = Aktion wird ausgeführt
\- = Aktion wird nicht ausgeführt

ELSE-Regel

Die ELSE-Regel wird immer als erste Entscheidungsregel in einer Tabelle aufgeführt. Sie bewirkt, dass die in der "ELSE-Regel" spezifizierte Aktion oder Aktionsfolge immer dann ausgeführt wird, wenn keine der übrigen Entscheidungsregeln zutrifft.

Bei Verwendung von ET-Vorübersetzern ist die Verwendung der ELSE-Regel meistens vorgeschrieben.

Einfache Regel

Es werden nur die Bedingungsanzeiger Y N verwendet. Die Regel deckt einen Verarbeitungsfall ab.

Komplexe Regel

Nebst den Anzeigern Y N enthält die Regel mindestens einen Irrelevantanzeiger. Die Regel deckt mehrere Verarbeitungsfälle ab.

2. Arten von Entscheidungstabellen

①

Begrenzte ET Einfache Regeln			R1	R2	R3	R4	R5	R6	R7	R8
B1	Bedingung	A	Y	Y	Y	Y	N	N	N	N
B2	Bedingung	B	Y	Y	N	N	Y	Y	N	N
B3	Bedingung	C	Y	N	Y	N	Y	N	Y	N
A1	Aktion	A	X	X	X	X	-	-	-	-
A2	Aktion	B	X	X	-	-	X	X	-	-
A3	Aktion	C	X	-	X	-	X	-	X	-
A4	Aktion	D	X	X	X	X	X	X	X	X

$2^3 = 8$

Bei 3 Bedingungen sind $2^3 = 8$ Entscheidungsregeln möglich.

②

Begrenzte ET Komplexe Regeln	E	R1	R2	R3	R4
Komplexe ET	-	Y	N	N	N
	-	-	Y	N	N
mit 3 Bedingungen	-	-	-	Y	N
		X			
			X	X	
				X	
					X
	X				

$2^3 = 8$

4 + 2 + 1 + 1 = 8

FRAGE

1) Wieviele Entscheidungsregeln sind bei 6 Bedingungen theoretisch möglich ?

ANTWORT
A) 26
B) 12
C) 36
D) 64

IHRE LOESUNG ○

2) Wieviele Aktionen sind bei der Entscheidungsregel R 6 auszuführen ?

A) 2
B) 0
C) 4
D) 3

○

2.1. BEGRENZTE ENTSCHEIDUNGSTABELLEN

Charakteristik der begrenzten ET

Die einzelnen Bedingungen und Aktionen sind im Bedingungs- bzw. Aktionsteil der Tabelle vollständig beschrieben.

Im Bedingungsanzeigerteil wird nur angezeigt, ob die Bedingungen erfüllt, nicht erfüllt, oder bedeutungslos (irrelevant) sind. Im Aktionsanzeigerteil erhalten wir die Auskunft, ob eine Aktion ausgelöst wird oder nicht.

Es finden nur die Zeichen Y = Yes, N = No, " - " = irrelevant als Bedingungsanzeiger, sowie X = Aktion ausführen und " - " = Aktion nicht ausführen als Aktionsanzeiger Verwendung.

Anzahl der theoretisch möglichen Entscheidungsregeln

Bei begrenzten ET gilt allgemein, dass eine Tabelle mit n Bedingungen maximal 2^n Entscheidungsregeln beinhalten kann ①. Bei komplexen Regeln ② müssen wir berücksichtigen, dass jeder Irrelevantanzeiger zwei Regeln zusammenfasst.

ZUSATZINFORMATION

Zu Ihrer Wissensauffrischung:
Es ist

$2^1 = 2$
$2^2 = 4$
$2^3 = 8$
$2^4 = 16$
$2^5 = 32$
⋮
$2^{10} = 1024$

NOTIZEN

① Gemischte - ET		E	R1	R2	R3	R4	R5	R6	R7	R8	R9	R10	R11	R12
B1	Austrittsgrund =	-	01	01	01	01	01	01	02	02	02	02	02	02
B2	Alter	-	>20	>30	>40	>20	>30	>40	>20	>30	>40	>20	>30	>40
B3	Männlich ?	-	Y	Y	Y	N	N	N	Y	Y	Y	N	N	N

Die erste Bedingung hat 2 Bedingungsanzeigeformen
Die zweite Bedingung hat 3 Bedingungsanzeigeformen
Die dritte Bedingung hat 2 Bedingungsanzeigeformen

$2 \cdot 3 \cdot 2$ = 12 Entscheidungsregeln sind maximal möglich.

FRAGE | ANTWORT | IHRE LOESUNG

1) Wieviele Entscheidungsregeln sind in einer erweiterten ET mit einer Bedingung mit 2 sowie einer anderen mit 3 Bedingungsanzeigerformen möglich ?

A) 24
B) 8
C) 6
D 4

○

2) Welche der drei Bedingungen B1, B2 und B3 (aus der obigen ET) sind erweiterte Bedingungen, welche sind begrenzte Bedingungen?

A) B1 und B3 = Erweitert
B2 = begrenzt
B) B1 + B2 + B3 = begrenzt
C) B1 und B2 = Erweitert
B3 = begrenzt
D) alle begrenzt

○

2.2. ERWEITERTE ODER GEMISCHTE ENTSCHEIDUNGSTABELLEN

Erweiterte Entscheidungstabelle

Die Bedingungen und Aktionen sind im Bedingungs- bzw. Aktionsteil der Tabelle nur unvollständig beschrieben.

Im Bedingungsanzeigerteil werden die Bedingungen, im Aktionsanzeigerteil die Aktionen, näher umschrieben. Es bestehen keine formalen Vorschriften für die Gestaltung von erweiterten ET. Es wird lediglich verlangt, dass die Irrelevanz einer Bedingung oder einer Aktion im entsprechenden Anzeiger mit den dafür vorgesehenen Zeichen (" - ") dargestellt wird.

Gemischte Entscheidungstabelle ①

Sie ist eine Kombinationsform von begrenzter und erweiterter ET.

Im Bedingungsteil sind vollständig und unvollständig beschriebene Bedingungen, im Aktionsteil entsprechende Aktionen vorzufinden. Im Bedingungs- und Aktionsanzeigerteil sind begrenzte und erweiterte Bedingungs- und Aktionsanzeiger vorhanden.

Anzahl der theoretisch möglichen Entscheidungsregeln

Eine erweiterte oder gemischte ET mit n Bedingungen kann maximal $X_1 \cdot X_2 \cdot X_3 \cdot\cdot\cdot\cdot\cdot\cdot X_n$ Entscheidungsregeln enthalten.

X_1 = Anzahl Anzeiger der Bedingung 1
X_n = Anzahl Anzeiger der Bedingung n.

NOTIZEN

Tabelle - UV		E	R1	R2	R3
B1	1. Klasse ?	-	Y	N	N
B2	2. Klasse ?	-	-	Y	Y
B3	Raucherabteil ?	-	Y	Y	N
A1	Raucher 1. Klasse	-	X	-	
A2	Raucher 2. Klasse	-	-	X	
A3	Nichtraucher 2. Kl.	-	-	-	X
A4	Fehlermeldung	X	-	-	-

Aufgabe:

1) Erstellen Sie eine logisch vollständige ET mit den Bedingungen B1, B2 und B3.

2) Erstellen Sie eine formal vollständige ET mit den gleichen Bedingungen.

Die Lösung finden Sie im Kap. 8 (Antworten und Lösungen).

2.3. VOLLSTAENDIGE UND UNVOLLSTAENDIGE ENTSCHEIDUNGSTABELLEN

Eine ET kann formal vollständig oder unvollständig sein. Die ET ist formal vollständig, wenn alle theoretisch möglichen Bedingungskonstellationen abgedeckt sind.

Eine ET ist formal unvollständig, wenn eine oder mehrere Bedingungskonstellationen nicht explizite abgedeckt sind.

Eine formal unvollständige ET kann logisch vollständig sein, wenn alle fehlenden Regeln mit der ELSE-Regel abgedeckt werden können. Diese ET-Form tritt am häufigsten in einer der folgenden Formen auf:

- Die mit der ELSE-Regel abgedeckten Fälle sind logisch unzulässig. Wenn einer dieser Fälle auftritt, muss eine Fehlermeldung geschrieben werden.

- Die mit der ELSE-Regel abgedeckten Fälle sind logisch zulässig. Sie erfordern aber in der entsprechenden ET alle die gleichen Aktionen.

ZUSATZINFORMATION

Fehlende Entscheidungsregeln können wir mit der ELSE-Regel abdecken. Auf diese Weise können wir, was besonders bei der Verwendung von ET Generatoren wichtig ist, in einer formal unvollständigen ET alle Verarbeitungsfälle abdecken.

NOTIZEN

Begrenzte-ET		R1	R2	R3	R4	R5	R6	R7	R8
B1	Genügend Geld vorhanden	Y	Y	Y	Y	N	N	N	N
B2	Grösse passend	Y	Y	N	N	Y	Y	N	N
B3	Farbe passend	Y	N	Y	N	Y	N	Y	N
A1	Kaufen	X	–	–	–	–	–	–	–
A2	Bestellen	–	X	X	X	–	–	–	–
A3	Anderes Angebot prüfen	–	–	–	–	X	X	X	X

Erweiterte-ET		R1	R2	R3	R4	R5	R6	R7	R8	R9
B1	Grösse	36	36	36	38	38	38	40	40	40
B2	Qualität	A	B	C	A	B	C	A	B	C
A1	Verkaufspreis	40	50	60	40	50	60	40	50	60

Gemischte-ET		R1	R2	R3	R4	R5	R6
B1	Qualität	A	A	B	B	C	C
B2	Lagerbestand erreicht ?	Y	N	Y	N	Y	N
A1	Inseratwerbung	X	–	X	–	X	–
A2	Bestellen	–	X	–	X	X	–

Aufgabe:

Studieren Sie die drei aufgeführten Beispiele von Standardtabellen. Schreiben Sie je ein eigenes Beispiel.

Nehmen Sie sich genügend Zeit, diese drei verlangten Beispiele zu erstellen, in der Weiterarbeit wird dies zu Ihrem Nutzen sein.

2.4. BEGRENZTE, ERWEITERTE UND GEMISCHTE STANDARDTABELLEN

Begrenzte Standardtabellen

Begrenzte Standardtabellen weisen zwei wichtige Merkmale auf.

1) Alle möglichen Bedingungskonstellationen sind durch eine einfache Entscheidungsregel abgedeckt.
2) Die Entscheidungsregeln sind systematisch angeordnet.

In der Praxis haben Standardtabellen eventuell als Zwischenstufe zur Erstellung von ET eine gewisse Bedeutung. Fast bei jeder ET besteht aber die Möglichkeit, durch Zusammenfassen verschiedener Entscheidungsregeln die Uebersichtlichkeit der ET zu verbessern.

Erweiterte und gemischte Standardtabellen

Erweiterte und gemischte ET können nur dann als Standardtabellen bezeichnet werden, wenn sie

- formal vollständig sind
- keine komplexen (also nur einfache) Entscheidungsregeln enthalten
- alle Entscheidungsregeln systematisch angeordnet haben.

ZUSATZINFORMATION

Für den Anfänger ist es sicher sehr nützlich, von der Standardtabelle auszugehen. Er hat ja alle formal möglichen Entscheidungsregeln zur Prüfung zur Verfügung. In der Praxis wird es nicht möglich sein, beispielsweise bei 16 Bedingungen eine Tabelle mit 2^{16} Möglichkeiten aufzuzeichnen und zu prüfen.

NOTIZEN

3. Die Struktur von Entscheidungstabellen

Tabelle-RA		R1	R2	R3	R4
B1	Bedingung 1	Y	Y	Y	N
B2	Bedingung 2	Y	Y	N	N
B3	Bedingung 3	Y	N	Y	-
B4	Bedingung 4	-	-	-	-
A1	Aktion 1	-	X	X	-
A2	Aktion 2	X	-	X	X
A3	Aktion 3	X	-	-	-

① (B4)

Tabelle-RB		R1	R2	R3	R4
B1	Bedingung 1	Y	Y	Y	N
B2	Bedingung 2	Y	Y	N	N
B3	Bedingung 3	Y	N	-	-
A1	Aktion 1	X	-	X	-
A2	Aktion 2	-	X	X	-
A3	Aktion 3	-	-	-	-
A4	Aktion 4	-	-	-	X

② (A3)

Tabelle-RC		R1	R2	R3
B1	Bedingung 1	N	N	Y
B2	Bedingung 2	Y	-	Y
B3	Bedingung 3	N	N	-
A1	Aktion 1	X	X	-
A2	Aktion 2	-	-	X

③ (R1, R2)

3.1. REDUNDANZ

Redundante Teile einer ET sind überflüssige Elemente der ET.

In einer ET können

- redundante Bedingungen ①
- redundante Aktionen ② und
- redundante Entscheidungsregeln ③

vorkommen.

Eine Bedingung ist dann redundant, wenn sie auf keine der Aktionen der ET einen Einfluss ausübt. Redundante Bedingungen erkennt man daran, dass sie im Bedingungsanzeigerteil nur Irrelevant, Yes oder No Zeichen aufweisen ①.

Eine Aktion ist dann redundant ②, wenn sie bei keiner der aufgeführten Regeln benötigt wird. Sie weist bei keiner Aktion im Aktionsanzeiger ein X (Ausführen der Aktion) auf.

Eine Entscheidungsregel ist dann redundant ③, wenn sie bereits mit einer anderen Entscheidungsregel vollständig abgedeckt ist. Die überflüssige (redundante) Regel muss aus der ET gestrichen werden.

Bei unserer Beispiele-Tabelle-RC muss also die R1 gestrichen werden, da sie bereits in der Regel R2 enthalten ist.

NOTIZEN

ET-Widerspruch		R1	R2	R3	R4
B1	Bedingung 1	Y	Y	Y	Y
B2	Bedingung 2	-	Y	N	N
B3	Bedingung 3	-	-	N	N
A1	Aktion 1	-	X	-	-
A2	Aktion 2	-	-	X	-
A3	Aktion 3	-	-	-	X
A4	Aktion 4	X	X	-	-

Kontroll-ET		R1	R2	R3	R4
B1	Bedingung 1	Y	N	Y	N
B2	Bedingung 2	Y	-	Y	Y
B3	Bedingung 3	N	-	N	-
A1	Aktion 1	X	-	X	-
A2	Aktion 2	X	X	-	X
A3	Aktion 3	-	X	-	X

FRAGE	ANTWORT	IHRE LOESUNG
1) Welche Regeln der Kontroll-ET sind redundant ?	A) R1 und R2 B) R1 und R3 C) R2 und R4	○
2) Welche Regeln der Kontroll-ET widersprechen sich?	A) R1 und R4 B) R3 und R4 C) R1 und R3	○

3.2. WIDERSPRUCH (KONTRADIKTION)

Ein Widerspruch liegt dann vor, wenn bei gleichen Bedingungen unterschiedliche Aktionen verlangt werden.

Dieser Widerspruch ist im Beispiel ET-Widerspruch ① durch die Regeln R3 und R4 dokumentiert ②. Trotz denselben Bedingungen führt die Regel R3 zur Aktion A2, die Regel R4 zur Aktion A3.
Die falsche Regel muss aus der ET entfernt werden.

NOTIZEN

①

ET-EINAUS			R1	R2	R3	R4
B1	Anzahl Personen = 1 - 9		Y	N	N	N
B2	Anzahl Personen > 9		-	Y	Y	N
B3	Anzahl Personen > 19		-	-	Y	N
A1	Keine Gratisfahrt		X	-	-	-
A2	Reiseleiter gratis		-	X	-	-
A3	Zusätzlich jede zehnte Person gratis		-	-	X	-
A4	Fehlermeldung		-	-	-	X

②

FRAGE

Welches ist der Unterschied zwischen Redundanz und Einschluss?

ANTWORT

A. Die Aktionsfolge ist bei Redundanz gleich, bei Einschluss verschieden. Mit dem Bedingungsanzeiger allein kann Redundanz und Einschluss nicht unterschieden werden.

B. Der Bedingungsanzeiger ist verschieden, die Aktionsfolge ist gleich.

IHRE LOESUNG

○

3.3 AUSSCHLUSS (EXKLUSION) UND EINSCHLUSS (IMPLIKATION)

Ausschluss: ①

Wenn sich zwei Regeln in mindestens einer Bedingung unterscheiden, schliessen sie sich gegenseitig aus.

Bei der ET-EINAUS schliesst die Regel R1 die Regeln R2 - R4 aus. Ebenso schliesst die Regel R4 die Regeln R2 und R3 aus.

Einschluss: ②

Wenn sich eine Regel im Bedingungsteil von einer anderen Regel einseitig nur durch irrelevant-Anzeiger unterscheidet, im Aktionsteil aber verschiedene Aktionen verlangt werden, so spricht man von Einschluss. In unserem Beispiel ist die Regel R3 bereits in der Regel R2 enthalten. Die Regel R2 ist also grösser als die Regel R3.

Wenn mehr als 19 Personen reisen, wird nebst dem Gratisbillet für den Reiseleiter automatisch für jede zehnte Person eine weitere Gratisfahrt abgegeben.

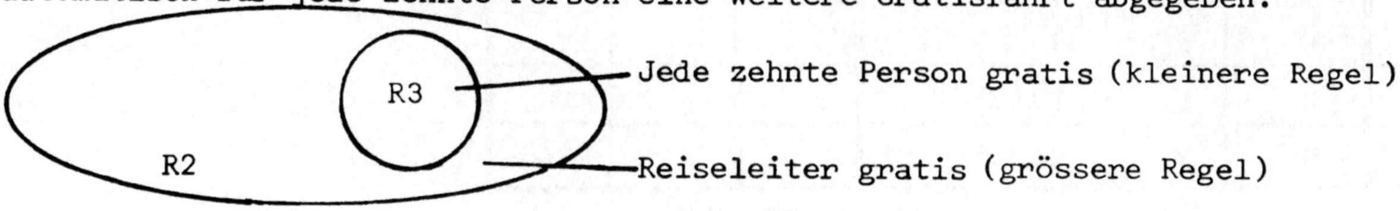

Einschluss-Redundanz:

Wenn zwei Regeln die im Einschlussverhältnis stehen die gleichen Aktionen erfordern, sind sie redundant. Die kleinere Regel muss aus der ET entfernt werden.

NOTIZEN

①

ET-Ueberschneiden		E	R1	R2	R3	R4	R5
B1	Eintrittsdatum numerisch	-	N	Y	Y	Y	-
B2	Entlöhnungsart = 1 ?	-	-	N	Y	Y	Y
B3	Gehalt > 2000	-	-	Y	N	Y	Y
A1	Fehlermeldung 1 drucken	-	X	-	-	-	X
A2	Fehlermeldung 2 drucken	-	-	X	X	-	-
A3	Verarbeiten gemäss Tabelle-2	-	-	-	-	X	-
A4	Lese nächsten Record	-	X	X	X	X	X

②

R1	R1A	R1B	R1C	R1D	R5	R5A	R5B
N	N	N	N	N	-	N	Y
-	N	N	Y	Y	Y	Y	Y
-	N	Y	N	Y	Y	Y	Y

③

FRAGE | ANTWORT | IHRE LOESUNG

1) Unterscheiden sich die Bedingungsanzeiger bei zwei sich überschneidenden Regeln?
A) Ja
B) Nein
C) Manchmal

2) In welcher Regel der Tabelle "ET-Ueberschneiden" wird die Regel R4 eingeschlossen?
A) R2
B) R1 und R3
C) R5
D) R3

3.4. UEBERSCHNEIDUNG (INTERSECTION)

Zwei Regeln überschneiden sich, wenn sich die beiden Regeln gegenseitig in mindestens einem Y/- oder N/- und -/Y oder -/N Paar unterscheiden, aber nicht im Ausschlussverhältnis stehen.

Beispiel:

In der "ET-Ueberschneidung" überschneiden sich die beiden Regeln R1 und R5 ②.

Wenn wir diese beiden komplexen Regeln in einfache Regeln auflösen, sehen wir, dass sich die komplexen Regeln R1 und R5 in den einfachen Regeln R1D und R5A überschneiden ③.

ZUSATZINFORMATION

Wenn sich in einer ET mindestens zwei Regeln einschliessen oder überschneiden, bezeichnen wir die ET als "mehrdeutige Entscheidungstabelle".

NOTIZEN

(1) (1) (1)

Eindeutige-ET		E	R1	R2	R3	R4
B1	Entlöhnungsart = 1	-	Y	N	N	N
B2	Entlöhnungsart = 2	-	-	Y	N	N
B3	Entlöhnungsart = 3	-	-	-	Y	N
B4	Entlöhnungsart = 4	-	-	-	-	Y
A1	Durchlaufe ET-Stundenlohn	-	X	-	-	-
A2	" " -Prämienlohn	-	-	X	-	-
A3	" " -Monatslohn	-	-	-	X	-
A4	" " -Monteurlohn	-	-	-	-	X
A5	Fehlermeldung, Programmabbruch	X	-	-	-	-

(2)

Mehrdeutige-ET		E (10)	R1 (3)	R2	R3 (4)	R4 (5)	R5 (9)
B1	Feld A richtig?	-	N	-	-	-	Y
B2	Feld B richtig?	-	-	N	-	-	Y
B3	Feld C richtig?	-	-	-	N	-	Y
B4	Feld D richtig?	-	-	-	-	N	Y
(6) A1	Meldung Feld A unplausibel	-	X	-	-	-	
A2	Meldung Feld B unplausibel	-	-	X	-	-	
(7) A3	Meldung Feld C unplausibel	-	-	-	X	-	
(8) A4	Meldung Feld D unplausibel	-	-	-	-	X	
A5	Verarbeiten Feld A, B, C, D	X	-	-	-	-	

FRAGE	ANTWORT	IHRE LOESUNG
1) Welche Regeln der ET (2) schliessen sich gegenseitig aus?	A) R1 - R2 B) R1-R5, R2-R5, R3-R5, R4-R5 C) R1 - R3 D) keine	
2) Welche Regeln der ET (2) schliessen sich ein?	A) R1 - R2 B) R1 - R4 C) R1 - R5 D) keine	
3) Welche Regeln der ET (2) überschneiden sich?	A) R1-R3, R1-R3, R1-R4 B) R1 - R5 C) R2 - R5 D) keine	
4) Welche Aktionen der ET (2) werden ausgeführt, wenn alle vier Bedingungen mit Nein beantwortet werden?	A) A5 B) A1 C) A1, A2, A3, A4 D) keine	

3.5. EINDEUTIGE UND MEHRDEUTIGE ENTSCHEIDUNGSTABELLEN

3.5.1 Eindeutige ET

In einer eindeutigen ET schliessen sich alle Regeln mit Ausnahme der ELSE-Regel gegenseitig aus. Alle Regeln unterscheiden sich voneinander in mindestens einem Y/N-Paar. ①

3.5.2 Mehrdeutige ET

Wir sprechen von einer mehrdeutigen ET, wenn sich nicht alle Regeln (Ausnahme ELSE-Regel) gegenseitig ausschliessen. Praktisch heisst das für uns, sobald wir in einer ET einen Einschluss (Implikation) oder aber eine Ueberschneidung (Intersection) vorfinden, liegt eine mehrdeutige ET vor.

ET in welchen redundante oder widersprüchliche Regeln vorliegen, sind weder als eindeutig, noch als mehrdeutig zu bezeichnen. Redundanz und Widerspruch (Kontradiktion) sind logische Fehler. Sie müssen durch Korrekturen aus der ET entfernt werden.

In der "Mehrdeutigen-ET" ② können gleichzeitig mehrere Regeln zutreffen. Wenn beispielsweise Feld A, C und D falsch sind, sind die Regeln R1 ③, R3 ④ und R4 ⑤ aktiv. Es werden die Aktionen A1 ⑥, A3 ⑦ und A4 ⑧ in der genannten Reihenfolge ausgeführt.

Mehrdeutige ET werden sehr oft in der Plausibilitätsprüfung eingesetzt, da sich in den meisten Fällen mehrere Fehler überschneiden (gleichzeitig auftreten) können. In unserem Beispiel ② können wir den richtigen Verarbeitungsfall ⑨ mit der ELSE-Regel ⑩ abdecken.

ZUSATZINFORMATION

Wenn Sie versuchen, die "Mehrdeutige-ET" in eine "Eindeutige-ET" umzuwandeln, erhalten Sie 16 Regeln. Daraus schliessen wir, dass mehrdeutige Tabellen vielfach bedeutend übersichtlicher sind.

NOTIZEN

MINIMIEREN VON BEDINGUNGEN UND AKTIONEN

①

B1	Mutations②code = 1 ③	Y	N	N	N
B2	Mutations②code = 4 ③	-	Y	N	N
B3	Mutations②code = 6 ③	-	-	Y	N
B4	Mutations②code = 7 ③	-	-	-	Y

A1	Uebertrage A nach U	X	-	-	-
A2	Uebertrage A nach V	-	X	-	-
A3	Uebertrage A nach Z	-	-	X	-
A4	Addiere D zu Z	-	X	-	X
A5	Uebertrage C nach W	-	X	-	X

⑦

⇒

④ ⑥

B1	Mutationscode = ⑤	1	4	6	7
B2					
B3					
B4					

A1	Uebertrage A nach	U	V	Z	-
A2	Addiere D zu Z ⑧ übertrage C nach W	-	X	-	X
A3					
A4					
A5					

MINIMIEREN VON REGELN

⑨

ET-Minimieren-A		E	R1	R2	R3	R4	R5	R6	R7	R8
B1	Feld A falsch?	-	Y	Y	Y	Y	N	N	N	N
B2	Feld B falsch?	-	N	Y	N	Y	Y	N	Y	N
B3	Feld C falsch?	-	N	N	Y	Y	N	Y	N	N
A1	Fehlermeldung A	-	X	X	-	X	-	-	-	-
A2	Fehlermeldung B	-	-	X	-	X	X	-	X	-
A3	Fehlermeldung C	-	-	-	X	X	-	X	-	-
A4	Arbeit abbrechen	X	-	-	-	-	-	-	-	-

⇓

⑩

ET-Minimieren-B		E	R1	R2	R3
B1	Feld A falsch?	-	Y	-	-
B2	Feld B falsch?	-	-	Y	-
B3	Feld C falsch?	-	-	-	Y
A1	Fehlermeldung A	-	X	-	-
A2	Fehlermeldung B	-	-	X	-
A3	Fehlermeldung C	-	-	-	X
A4		-	-	-	-

3.6. MINIMIERUNG VON ENTSCHEIDUNGSTABELLEN

3.6.1 Minimierung der Bedingungen

Wenn sich bei mehreren Bedingungen ein identischer Bedingungsteil ausgliedern lässt, können die Bedingungen minimiert werden. Der identische Bedingungsteil verbleibt als Bedingung, der Rest der Bedingungen wird in Form von erweiterten Bedingungsanzeigern dargestellt.

Erläuterung:

In der ET ① sind die Bedingungen "Mutationscode" beinahe identisch ②. Sie unterscheiden sich nur durch Teilwerte ③. Nach der Minimierung zur ET ④ ist die Bedingung "Mutationscode" nur noch einmal vorhanden ⑤, während die Teilbedingungen in den erweiterten Anzeigerteil übernommen worden sind ⑥. Wir bezeichnen die Bedingung B1 als Bedingungsrumpf.

3.6.2 Minimierung von Aktionen

Wenn sich in mehreren Aktionen ein gemeinsamer Aktionsteil ausgliedern lässt, kann wie unter Punkt 3.6.1 vorgegangen werden. Wenn zwei Aktionen identische Aktionsanzeiger aufweisen ⑦, können die einzelnen Aktionen zu einem Aktionsblock zusammengefasst werden ⑧. Wir bezeichnen die Aktion A1 als Aktionsrumpf.

3.6.3 Minimierung der Entscheidungsregeln

Sehr oft können mit Hilfe von mehrdeutigen ET die Regeln minimiert werden. Die eindeutige ET ⑨ erfüllt die gleichen Aufgaben wie die mehrdeutige ET ⑩.

ZUSATZINFORMATION

In gewissen Fällen sind erweiterte und mehrdeutige ET bedeutend übersichtlicher als ihre begrenzten oder eindeutigen Aequivalente. Hüten Sie sich vor einer Generalisierung dieser Regel. Sie müssen selbst von Fall zu Fall entscheiden, welche Form für die Lösung eines bestimmten Problems die beste Uebersichtlichkeit der ET gewährleistet.

NOTIZEN

Tabelle - X		R1	R2	R3	R4	R5	R6	R7	R8
B1	Nachfrage nach 1. Klasse	Y	Y	Y	Y	N	N	N	N
B2	1. Klasse verfügbar	Y	N	N	N	-	Y	Y	N
B3	2. Klasse verfügbar	-	Y	Y	N	Y	N	N	N
B4	Klassenwechsel möglich ?	-	Y	N	-	-	Y	N	-
A1	Reservation 1. Klasse	X	-	-	-	-	X	-	-
A2	Reservation 2. Klasse	-	X	-	-	X	-	-	-
A3	Billettausgabe 1. Klasse	X	-	-	-	-	X	-	-
A4	Billettausgabe 2. Klasse	-	X	-	-	X	-	-	-
A5	Warteliste 1. Klasse	-	-	X	X	-	-	-	-
A6	Warteliste 2. Klasse	-	-	-	-	-	-	X	X

4 + 1 + 1 + 2 + 4 + 1 + 1 + 2 = 16

↑ (1)

FRAGE

ANTWORT

IHRE LOESUNG

1) Wieviele einfache Regeln enthält die Tabelle - X ?
A) 8
B) 0
C) 4

2) Wieviele Regeln enthält die Tabelle - X, wenn sie formal vollständig als einfache ET dargestellt wird?
A) 10
B) 24
C) 16

3) Wieviele Regeln fehlen in der Tabelle - X ?
A) 0
B) 16
C) 8

3.7. VOLLSTAENDIGKEITSKONTROLLE

Die Prüfung einer Tabelle auf ihre Vollständigkeit muss sich auf die Prüfung der

- Vollständigkeit der Bedingungskonstellationen
- Vollständigkeit der Aktionsfolgen, sowie die
- Vollständigkeit der Entscheidungsregeln

erstrecken.

3.7.1 Vollständigkeit der Bedingungskonstellation und der Aktionsfolgen

Die Vollständigkeit der Bedingungskonstellation und der Aktionsfolgen kann, wie im Blockdiagramm, nur in Abhängigkeit zu den spezifisch zu lösenden Problemen erfolgen. Im Gegensatz zum Blockdiagramm sind die einzelnen Bedingungen und Aktionen aber übersichtlich und sauber in einer Tabelle zusammengefasst. Die übersichtliche Darstellung erleichtert die Kontrolle.

3.7.2 Vollständigkeit der Regeln

Die Vollständigkeit der Regeln (Berücksichtigung aller möglichen Verarbeitungsfälle) kann im Gegensatz zum Blockdiagramm in der Entscheidungstabelle nach streng formalen Techniken erfolgen. Wenn die Vollständigkeit einer Entscheidungstabelle konsequent geprüft wird, gehören die "vergessenen Regeln" der Vergangenheit an.

Die Vollständigkeitsprüfung kann auf zwei Arten erfolgen:

a) Prüfung mit einem ET-Interpretationsprogramm

b) manuelle Prüfung

Wir können ET manuell auf ihre Vollständigkeit prüfen, indem wir die Anzahl der theoretisch möglichen Regeln (2 hoch Anzahl der Bedingungen) mit der Anzahl der explizite abgedeckten Regeln abgleichen. Jede komplexe Regel deckt "2 hoch Anzahl der irrelevant" einfache Regeln ab (1). Diese Methode kann aber nur angewendet werden, wenn sich alle Regeln einer begrenzten Tabelle gegenseitig ausschliessen. Kleinere begrenzte Tabellen mit strukturierten Regeln können mit der Standard-Tabelle abgeglichen werden.

ZUSATZINFORMATION

Das Ueberprüfen der ET auf Vollständigkeit soll erst nach dem Test auf Redundanz und Widerspruch (= Kontradiktion) erfolgen, da sonst unvollständige Tabellen als vollständig erscheinen könnten.

NOTIZEN

① Standardtabelle für 3 - 5 Bedingungen

Bed 1	Y Y Y Y N N N N	Y Y Y Y N N N N	Y Y Y Y N N N N	Y Y Y Y N N N N
Bed 2	Y Y N N Y Y N N	Y Y N N Y Y N N	Y Y N N Y Y N N	Y Y N N Y Y N N
Bed 3	Y N Y N Y N Y N	Y N Y N Y N Y N	Y N Y N Y N Y N	Y N Y N Y N Y N
Bed 4	Y Y Y Y Y Y Y Y	N N N N N N N N	Y Y Y Y Y Y Y Y	N N N N N N N N
Bed 5	Y Y Y Y Y Y Y Y	Y Y Y Y Y Y Y Y	N N N N N N N N	N N N N N N N N

② Beispiel einer Vollständigkeitskontrolle und Strukturanalyse

③

ET-PRUEFEN		E	R1	R2	R3
B1	Bedingung 1	-	Y	Y	Y
B2	Bedingung 2	-	-	N	N
B3	Bedingung 3	-	N	-	N
A1	Aktion 1	-	X	-	-
A2	Aktion 2	-	-	X	-
A3	Aktion 3	-	-	-	X
A4	Aktion 4	X	-	-	-

⑥ Fehlende Regeln:

RA	RE	RF	RG	RH
Y	N	N	N	N
Y	Y	Y	N	N
Y	Y	N	Y	N

⑦ Strukturierte Regeln: R1, R2, R3

a) R1 überschneidet sich mit R2
b) R1 schliesst R3 ein
c) R2 schliesst R3 ein

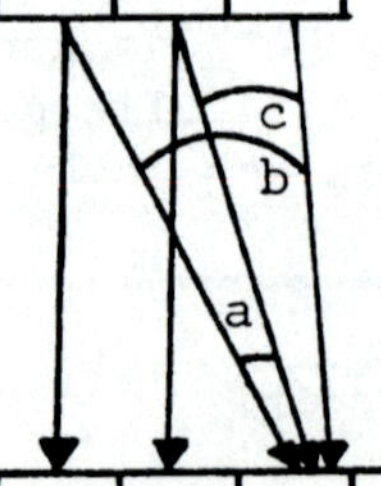

④

Standard Tabelle								
Bed 1	Y	Y	Y	Y	N	N	N	N
Bed 2	Y	Y	N	N	Y	Y	N	N
Bed 3	Y	N	Y	N	Y	N	Y	N
	RA	RB	RC	RD	RE	RF	RG	RH

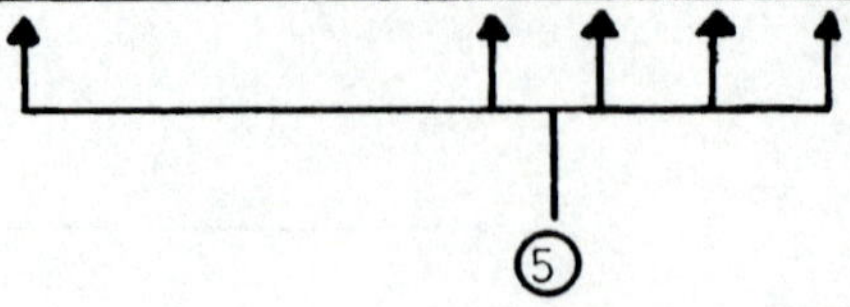

⑤

3.8. VOLLSTAENDIGKEITSKONTROLLE UND STRUKTURANALYSE MIT HILFE DER STANDARDTABELLE

Komplexe Entscheidungstabellen mit bis zu 5 Bedingungen können manuell mit Hilfe der Standardtabelle ① auf ihre Vollständigkeit und Struktur geprüft werden. Bei grösseren ET's ist eine sichere und rentable Prüfung nur mit einem ET-Generator möglich.

a) manuelle Vollständigkeitskontrolle

Die Regeln der zu prüfenden ET ② werden mit der Standard Tabelle abgeglichen. Dabei müssen wir beachten, dass eine komplexe Regel der ET ③ mehrere Regeln der Standard Tabelle ④ abdecken kann. Die fehlenden Regeln ergeben sich aus denjenigen Regeln der Standardtabelle, die nicht der zu prüfenden ET zugeteilt werden konnten ⑤ ⑥.

b) manuelle Strukturanalyse

Wenn eine Regel der Standard Tabelle gleichzeitig von mehreren Regeln der zu prüfenden ET angesprochen wird, stehen die beiden Regeln entweder im Einschluss- oder Ueberschneidungsverhältnis.

Beispiel: ⑦

a) Die Regel RD der Standard Tabelle wird sowohl von der Regel R1 als auch R2 der zu prüfenden ET angesprochen. Die Regeln R1 und R2 überschneiden sich.

b) Die Regel RD der Standard Tabelle wird sowohl von der Regel R1 als auch R3 der zu prüfenden ET angesprochen. Die Regel R1 schliesst die Regel R3 ein.

c) Die Regel RD der Standard Tabelle wird sowohl von Regel R2 als auch von Regel R3 der zu prüfenden ET angesprochen. Die Regel R2 schliesst die Regel R3 ein.

NOTIZEN

4. Anwendung In Analyse Und Programmierung

① Bedingungen

a) Dienstjahre $<$ 10

b) Dienstjahre $\geq$ 10 und $<$ 15

c) Dienstjahre $\geq$ 15 und $\leq$ 20

d) Dienstjahre $>$ 20

e) Alter $<$ 40

f) Alter $\geq$ 40 und $<$ 50

g) Alter $\geq$ 50 und $\leq$ 55

h) Alter $>$ 55

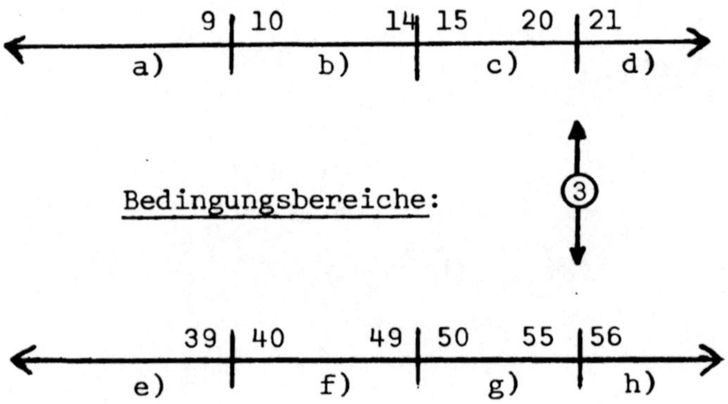

② Aktionen

a) 15 Tage Ferien

b) 18 Tage Ferien

c) 20 Tage Ferien

d) 25 Tage Ferien

4.1 ANWENDUNG DER ET IN DER ANALYSE

Die Istaufnahme "Ferienanspruch der Mitarbeiter" hat folgendes ergeben:

a) Ferientage abhängig vom Dienstalter

Bei weniger als zehn Dienstjahren (DJ) beträgt der Ferienanspruch 15 Tage. Bei 10 aber weniger als 15 DJ beträgt der Ferienanspruch 18 Tage. Bei 15 - 20 DJ beträgt der Anspruch 20 Tage, bei mehr als 20 DJ 25 Arbeitstage.

b) Ferientage abhängig vom Alter

Noch nicht 40-jährige Mitarbeiter erhalten 15 Tage Ferien. Aeltere aber noch nicht 50-jährige bereits 18 Tage. 50 - 55-jährige haben 20 Tage Ferienanspruch. Noch ältere 25 Tage.

Von den beiden Entscheidungskriterien (Dienstjahre oder Alter) ist immer dasjenige massgebend, das den höheren Ferienanspruch gewährleistet.

Aufgabe: Erstellen wir die ET zur Bestimmung des Ferienanspruches.

4.1.1 Sammeln der Bedingungen von Aktionen

Zuerst wollen wir alle Bedingungen von Aktionen sammeln. Die Reihenfolge in der wir die Bedingungen und Aktionen aufschreiben ist vorläufig bedeutungslos. Dagegen ist es sehr wichtig, dass wir alle Bedingungen (1) und Aktionen (2) sammeln.

ZUSATZINFORMATION

Bei der Bestimmung von Bedingungsbereichen treten sehr oft Missverständnisse in den Grenzbereichen auf. Wieviele Ferientage hat beispielsweise ein Mitarbeiter mit 10 Dienstjahren zu gute? In der verbalen Beschreibung ist dieser Fall nicht eindeutig definiert. Um Missverständnisse auszuschliessen, ist es daher sehr günstig, die Bedingungsbereiche, wie im Beispiel (3), auf einer Wertachse graphisch darzustellen.

NOTIZEN

Bedingungsreihenfolge

(2)

Ferientabelle-2				a)	b)	c)	d)
B1	Dienstjahre	≥	10	N	Y	Y	Y
B2	Dienstjahre	≥	15	-	N	Y	Y
B3	Dienstjahre	>	20	-	-	N	Y
B4	Alter	≥	40				
B5	Alter	≥	50				
B6	Alter	>	55				

(1) → B1–B3, B4–B6

a) b) c) d) ← Dienstjahresbereich (vergleichen Sie Abschnitt 4.1.1)

Aktionsreihenfolge

(3) ↓

A1	15 Ferientage
A2	18 Ferientage
A3	20 Ferientage
A4	25 Ferientage
A5	Fehlermeldung, Programmabbruch

4.1.2 Bestimmen der Bedingungs- und Aktionsreihenfolge

a) Die Bedingungsreihenfolge

Die Bedingungen "Dienstjahre" und "Alter" stehen in keinem direkten Zusammenhang. Es ist daher bedeutungslos, nach welcher Bedingung wir zuerst fragen. Wir wollen uns in unserem Beispiel an die Reihenfolge "Dienstjahre" - "Alter" halten (1)

Innerhalb der Bedingungen "Dienstjahre" müssen wir uns die Bedingungsbereiche (Abschnitt 4.1.1) in Erinnerung rufen. Wir müssen die Wertachse entweder von vorn oder von hinten abarbeiten. Wenn der grössere Teil der Mitarbeiter zum vorderen Teil der Wertachse (weniger als 15 Dienstjahre) gehört, fragen wir wie in unserem Beispiel zuerst nach dem vordersten Bereich (2). Wenn der Grossteil der Mitarbeiter dagegen 15 und mehr Dienstjahre besitzen würde, wäre die umgekehrte Bedingungsreihenfolge angebracht.

b) Die Aktionsfolge

Da der Mitarbeiter immer die höhere Anzahl der Ferientage erhält, die aus den Kriterien "Dienstjahre" und "Alter" resultieren, wählen wir die Reihenfolge (3) .
Wir stellen damit sicher, dass in einer mehrdeutigen ET die letzte auszuführende Aktion immer den höheren Ferienanspruch gewährt.
(Bedeutungsvoll im Abschnitt 4.1.4.)

NOTIZEN

Ferientabelle-2		E	R1 ①	R2 ②	R3	R4	R5	R6	R7	R8	R9	R10	R11	R12	R13	R14	R15	R16
B1	Dienstjahre ≥ 10	-	N	N	N	N	Y	Y	Y	Y	Y	Y	Y	Y	Y	Y	Y	Y
B2	Dienstjahre ≥ 15	-	-	-	-	-	N	N	N	N	Y	Y	Y	Y	Y	Y	Y	Y
B3	Dienstjahre > 20	-	-	-	-	-	-	-	-	-	N	N	N	N	Y	Y	Y	Y
B4	Alter ≥ 40	-	N	Y	Y	Y	N	Y	Y	Y	N	Y	Y	Y	N	Y	Y	Y
B5	Alter ≥ 50	-	-	N	Y	Y	-	N	Y	Y	-	N	Y	Y	-	N	Y	Y
B6	Alter > 55	-	-	-	N	Y	-	-	N	Y	-	-	N	Y	-	-	N	Y
A1	15 Ferientage	-	X	-	-	-	-	-	-	-	-	-	-	-	-	-	-	-
A2	18 Ferientage	-	-	X	-	-	X	X	-	-	-	-	-	-	-	-	-	-
A3	20 Ferientage	-	-	-	X	-	-	-	X	-	X	X	X	-	-	-	-	-
A4	25 Ferientage	-	-	-	-	X	-	-	-	X	-	-	-	X	X	X	X	X
A5	Fehlermeldung, Programmabbruch	X	-	-	-	-	-	-	-	-	-	-	-	-	-	-	-	-

Aufgabe:

Erstellen Sie die gleiche ET nach dem Lösungsweg 3.

Die Lösung finden Sie im Kap. 8 (Antworten und Lösungen).

4.1.3 Bestimmen der ET-Form

Für die Erstellung der ET stehen die folgenden Lösungswege zur Diskussion:

1) Erstellen der ET mit Hilfe der Standardtabelle.
   Diese Methode ist spätestens ab 5 Bedingungen (32 Regeln) nicht mehr zu empfehlen.

2) Erstellen einer eindeutigen ET mit Hilfe der "Regel für Regel"-Methode.

3) Erstellen einer eindeutigen ET mit Hilfe der "Aktion für Aktion"-Methode.

4) Erstellen einer mehrdeutigen ET mit Hilfe der "Regel für Regel"-Methode.

5) Erstellen einer mehrdeutigen ET mit Hilfe der "Aktion für Aktion"-Methode.

Wir lösen folgende zwei Beispiele:

Eindeutige ET mit Hilfe der "Regel für Regel"-Methode.

Mehrdeutige ET mit Hilfe der "Aktion für Aktion"-Methode.

4.1.4 EINDEUTIGE ET MIT HILFE DER "REGEL FUER REGEL"-METHODE

Als erste Regel ① finden wir einen Mitarbeiter, der noch nicht mehr als 10 Jahre in unserer Firma arbeitet und gleichzeitig jünger als 40 Jahre ist. Dieser Mitarbeiter erhält 15 Ferientage. Wenn er aber 40 - 49 Jahre alt ist, erhält er, obwohl er weniger als 10 DJ besitzt, 18 Ferientage ②.

Im weiteren erhöhen wir jeweils das Alter um eine Stufe. Sind wir auf der höchsten Altersstufe angelangt, erhöhen wir das Dienstalter um eine Stufe und variieren wiederum das Alter.
Auf diese Weise erhalten wir die Regeln R3 - R16.

NOTIZEN

Ferientabelle-5		E	R1 ①	R2 ②	R3 ③	R4 ④	R5	R6	R7	R8
B1	Dienstjahre ≥ 10	-	N	-	Y	-	Y	-	Y	-
B2	Dienstjahre ≥ 15	-	-	-	N	-	Y	-	Y	-
B3	Dienstjahre > 20	-	-	-	-	-	N	-	Y	-
B4	Alter ≥ 40	-	-	N	-	Y	-	Y	-	Y
B5	Alter ≥ 50	-	-	-	-	N	-	Y	-	Y
B6	Alter > 55	-	-	-	-	-	-	N	-	Y
A1	15 Tage Ferien	-	X	X	-	-	-	-	-	-
A2	18 Tage Ferien	-	-	-	X	X	-	-	-	-
A3	20 Tage Ferien	-	-	-	-	-	X	X	-	-
A4	25 Tage Ferien	-	-	-	-	-	-	-	X	X
A5	Fehlermeldung, Programmabbruch	X	-	-	-	-	-	-	-	-

FRAGE	ANTWORT	IHRE LOESUNG
1) Erstellen Sie die gleiche ET ein weiteres Mal nach dem vorgeschlagenen Lösungsweg 4. Wir erwarten von Ihnen also eine mehrdeutige ET mit Hilfe der "Regel für Regel"-Methode.	Lösung siehe Kap. 8 (Antworten und Lösungen)	
2) Welche Regeln überschneiden sich mit der Regel R2	A) R1, R3, R5, R7 B) R1, R4, R7 C) R5, R7	○

4.1.5 MEHRDEUTIGE ET MIT HILFE DER "AKTION FUER AKTION"-METHODE

Im Gegensatz zur "Regel für Regel"-Methode fragen wir uns, unter welchen Bedingungen 15 Tage Ferien gewährt werden. Wir stellen fest, dass weniger als 10 DJ einen Ferienanspruch von 15 Tagen ergeben ① . Desgleichen erhält ein Mitarbeiter, der noch nicht 40 Jahre alt ist, ebenfalls 15 Ferientage ② .

Nachdem wir zwei Regeln (R1 und R2) mit der Aktion "15 Ferientage" gefunden haben, suchen wir die Regeln für 18 Ferientage.

10 - 14 Dienstjahre ③ sowie 40 - 49 Altersjahre ④ ergeben die gefragten 18 Ferientage.

Auf diese Art und Weise finden wir die restlichen 4 Regeln, die für 20 und 25 Tage Ferien massgebend sind.

Vergleich der zwei gewählten Lösungsvarianten

Die eindeutige ET (Ferientabelle-2) weist in unserem Beispiel doppelt so viele Regeln auf wie die mehrdeutige ET (Ferientabelle-5). Die Interpretation der eindeutigen ET ist mit weniger Risiken verbunden, als diejenige der mehrdeutigen ET. Weist ein Mitarbeiter weniger als 10 DJ auf, ist aber bereits älter als 55 Jahre, so gelangt in der eindeutigen ET die Regel R4 zur Anwendung. In der mehrdeutigen Tabelle werden gleichzeitig die Regel R1 und R8 und somit die Aktionen A1 und A4 ausgeführt. Da die Aktion A4 nach der Aktion A1 erfolgt, wird die Aktion A1 überdeckt. Somit erhält der Mitarbeiter richtigerweise 25 Ferientage. (Vergleiche Bedeutung der Aktionsreihenfolge Abschnitt 4.1.2).

ZUSATZINFORMATION

Eine mehrdeutige ET kann nur mit Hilfe eines ET-Vorübersetzers in ein ausführungsfähiges Programm verwandelt werden. Ohne ET-Vorübersetzer ist der Programmierer gezwungen, die mehrdeutige ET in eine eindeutige ET umzuschlüsseln.

NOTIZEN

① ④ ③

ET-PAAREN		E	R1	R2	R3	R4	R5	R6	R7	R8	R9 bis R16							
		2 - 5 Files			3 - 5 Files		4 - 5 Files				5 Files							
B1	File 1 > File 2	-	N	Y	Y	N	Y	Y	N	N	Y	Y	Y	Y	N	N	N	N
B2	File 1 > File 3	-	N	-	-	Y	-	-	Y	N	-	-	-	-	Y	Y	N	N
B3	File 1 > File 4	-	N	-	-	-	-	-	-	Y	-	-	-	-	-	-	Y	N
B4	File 1 > File 5	-	N	-	-	-	-	-	-	-	-	-	-	-	-	-	-	Y
B5	File 2 > File 3	-	-	N	Y	-	Y	N	-	-	Y	Y	N	N	-	-	-	-
B6	File 2 > File 4	-	-	N	-	-	-	Y	-	-	-	-	Y	N	-	-	-	-
B7	File 2 > File 5	-	-	N	-	-	-	-	-	-	-	-	-	Y	-	-	-	-
B8	File 3 > File 4	-	-	-	N	N	Y	-	Y	-	Y	N	-	-	Y	N	-	-
B9	File 3 > File 5	-	-	-	N	N	-	-	-	-	-	Y	-	-	-	Y	-	-
B10	File 4 > File 5	-	-	-	-	-	N	N	N	N	Y	-	Y	-	Y	-	Y	-
	SF1 bis SF5 = 0	-	X	X	X	X	X	X	X	X	X	X	X	-	X	X	X	-
A1	File 1 verarb. 1→SF1	-	X	-	-	-	-	-	-	-	-	-	-	-	-	-	-	-
A2	File 2 verarb. 1→SF2	-	-	X	-	-	-	-	-	-	-	-	-	-	-	-	-	-
A3	File 3 verarb. 1→SF3	-	-	-	X	X	-	-	-	-	-	-	-	-	-	-	-	-
A4	File 4 verarb. 1→SF4	-	-	-	-	-	X	X	X	X	-	-	-	-	-	-	-	-
A5	File 5 verarb. 1→SF5	-	-	-	-	-	-	-	-	-	X	X	X	X	X	X	X	X

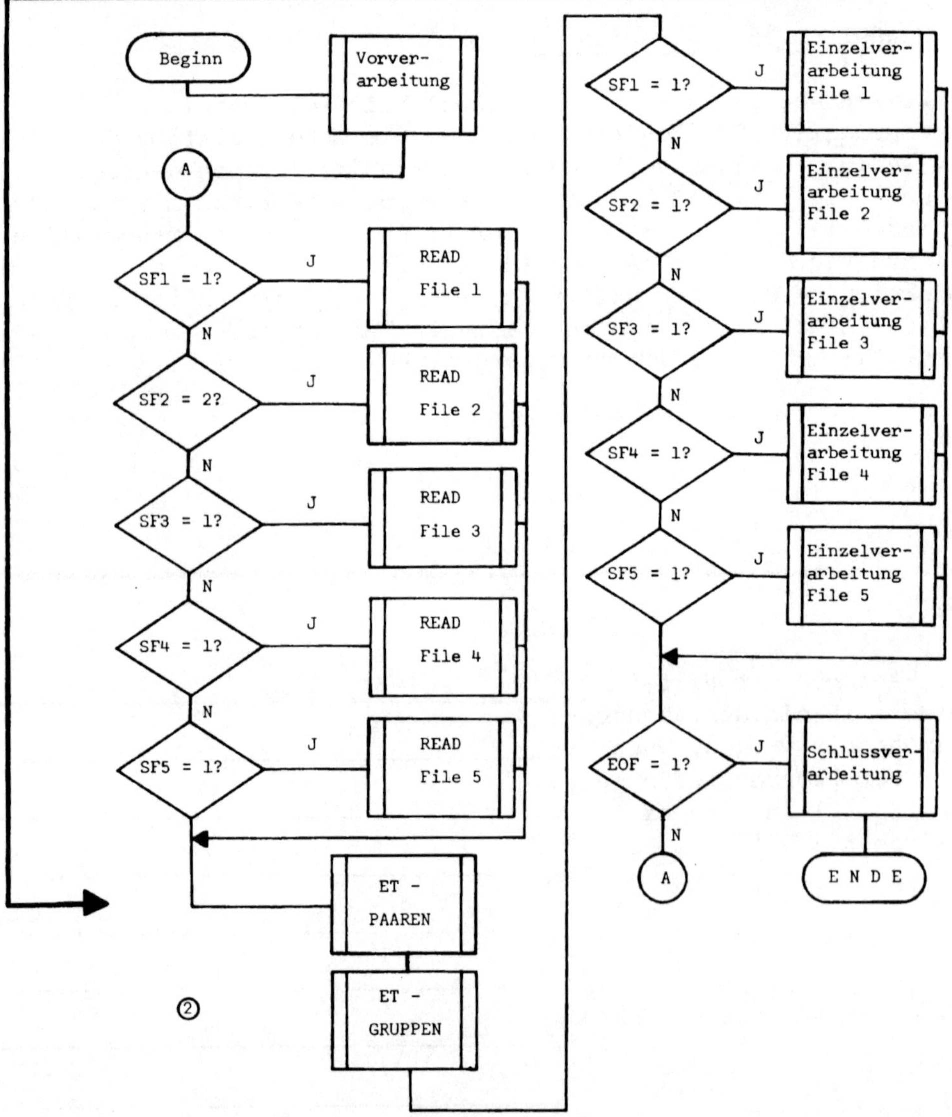

4.2 ANWENDUNG DER ET IN DER PROGRAMMIERUNG

Eine klassische Einsatzmöglichkeit der ET in der Programmierung bietet sich bei der Stapelverarbeitung für Paarungs- und Gruppenkontrollprobleme.

4.2.1 ET FUER DAS PAAREN VON 5 FILES ①

Wir mischen und paaren nach dem Prinzip der satzweisen Verarbeitung. Am Anfang sind alle Fileweichen SF1 bis SF5 = 1. Daher lesen wir beim ersten Durchgang pro File je einen Satz. In der ET-Paaren stellen wir fest, welches File den Satz mit dem kleinsten Referenzbegriff geliefert hat. Wenn mehrere Files den kleinsten Referenzbegriff liefern, wird nur der Satz des Files mit der höchsten Priorität (das File mit der kleinsten File-Nr.) zur Verarbeitung und zum anschliessenden Nachlesen initialisiert.

Im Verarbeitungsblock ET-GRUPPEN ② werden die Probleme der Gruppen- und End of File - Verarbeitung gelöst. Dieser Verarbeitungsblock wird unter 4.2.2 näher erläutert.

Wenn weniger als 5 Files gemischt oder gepaart werden, kann die ET-PAAREN ① folgendermassen verkürzt werden: Bei 4 Files entfallen die Regeln R9 - R16 ③ sowie die Bedingungen B4, B7, B9 und B10 und die Aktion A5.

Bei 3 Files entfallen zusätzlich die Regeln R5 - R8 ④ sowie die Bedingungen B3, B6 und B8, sowie die Aktion A4.

Zusammenfassung

Die ET-PAAREN steuert das Einlesen sowie die Einzelverarbeitung der fünf Files.

Die ET-GRUPPEN, die unter Punkt 4.2.2 erläutert wird, steuert die Gruppenverarbeitung sowie die Schlussverarbeitung.

NOTIZEN

⑤

① ② ③

ET-GRUPPEN		E	R1	R2	R3	R4	R5	R6	R7	R8
B1	Erster Durchgang	-	Y	N	N	N	N	N	N	N
B2	Letzter Durchgang	-	-	Y	N	N	N	N	N	N
B3	Wechsel Stufe 1 (höchster Begriff)	-	-	-	Y	N	N	N	N	N
B4	Wechsel Stufe 2	-	-	-	-	Y	N	N	N	N
B5	Wechsel Stufe 3	-	-	-	-	-	Y	N	N	N
B6	Wechsel Stufe 4	-	-	-	-	-	-	Y	N	N
B7	Wechsel Stufe 5 (tiefster Begriff)	-	-	-	-	-	-	-	Y	N
A1	Gruppenfussroutine Stufe 5 durchlaufen	-	-	X	X	X	X	X	X	-
A2	Gruppenfussroutine Stufe 4 durchlaufen	-	-	X	X	X	X	X	-	-
A3	Gruppenfussroutine Stufe 3 durchlaufen	-	-	X	X	X	X	-	-	-
A4	Gruppenfussroutine Stufe 2 durchlaufen	-	-	X	X	X	-	-	-	-
A5	Gruppenfussroutine Stufe 1 durchlaufen	-	-	X	X	-	-	-	-	-
A6	Zwischengruppenverarbeitung	-	X	-	X	X	X	X	X	X
A7	Gruppenkopfroutine Stufe 1 durchlaufen	-	X	-	X	-	-	-	-	-
A8	Gruppenkopfroutine Stufe 2 durchlaufen	-	X	-	X	X	-	-	-	-
A9	Gruppenkopfroutine Stufe 3 durchlaufen	-	X	-	X	X	X	-	-	-
A10	Gruppenkopfroutine Stufe 4 durchlaufen	-	X	-	X	X	X	X	-	-
A11	Gruppenkopfroutine Stufe 5 durchlaufen	-	X	-	X	X	X	X	X	-
A12	Fileweichen SF1-5 löschen und EOF-1 setzen	-	-	X	-	-	-	-	-	-

④ (A1–A4)

FRAGE	ANTWORT	IHRE LOESUNG
1) Ist es notwenig im letzten Durchgang die Zwischengruppenverarbeitung durchzuführen?	A) Nein B) Nicht immer C) Ja	○
2) Wieviele Regeln einschliesslich ELSE-Regel werden bei der Paarung von 3 Files benötigt?	A) 9 B) 3 C) 5	○
3) Ist es nötig in der ET-PAAREN die Fileweichen (SF1 - SF5) vor dem Durchlaufen der ET-GRUPPEN zu löschen?	A) Nein, nur vor dem Setzen der Fileweichen B) Wir machen es aus Sicherheitsgründen C) Ja	○

4.2.2 ET FUER DIE VERARBEITUNG VON 5 GRUPPENSTUFEN

In jeder Gruppenverarbeitung gibt es verschiedene Gruppenstufen. Beispiel: In einer Einwohnerkartei in der jeder Einwohner eines Landes erfasst wird, gibt es Gruppentotale pro Gemeinde (3.Stufe) pro Kanton (2. Stufe) und pro Land (1. Stufe). Wenn die Einwohnerstatistik einer neuen Gemeinde initialisiert werden soll, müssen die Gruppenkopfzeile Gemeinde (Titel 3. Stufe) geschrieben werden. Ist eine Gemeinde abgeschlossen, muss als Verarbeitung die Gruppenzeile (Total der Gemeinde) geschrieben werden.

Falls der Gruppenbegriff Kanton wechselt, so haben sich der Gruppenbegriff der Gemeinde und des Kantons geändert und es müssen

a) die Gruppenfussroutine Gemeinde

b) die Gruppenfussroutine Kanton

c) die Gruppenkopfroutine Kanton

d) die Gruppenkopfroutine Gemeinde

durchlaufen werden. Die Zwischengruppenverarbeitung wird im nun folgenden Anwendungsbeispiel näher erläutert.

Die ET-GRUPPEN ① steuert sämtliche Gruppenverarbeitungen bei bis zu 5 Gruppenstufen. Beim ersten Durchgang müssen alle Gruppenkopfzeilen (Titel) verarbeitet werden ②. Beim letzten Verarbeitungsdurchgang sind alle Gruppentotal zu erstellen ③. Es sind also die Gruppenfussroutinen 1 - 5 zu durchlaufen ④.

Wenn während der dazwischenliegenden Verarbeitung ein Gruppenbegriff wechselt, müssen die Fuss- und Kopfroutinen der entsprechenden Gruppenstufen sowie aller untergeordneten Gruppenstufen durchlaufen werden (Regel 3 - 8) ⑤.

NOTIZEN

ABKUERZUNGSVERZEICHNIS

LBN	:	Lagerbestand neu	ARTN	:	Artikelnummer
LBA	:	Lagerbestand alt	FICO	:	Firmencode
LZ	:	Lagerzugang	LAGO	:	Lagerort
LA	:	Lagerabgang	MENG	:	Menge
BJ	:	Bestandesjournal			

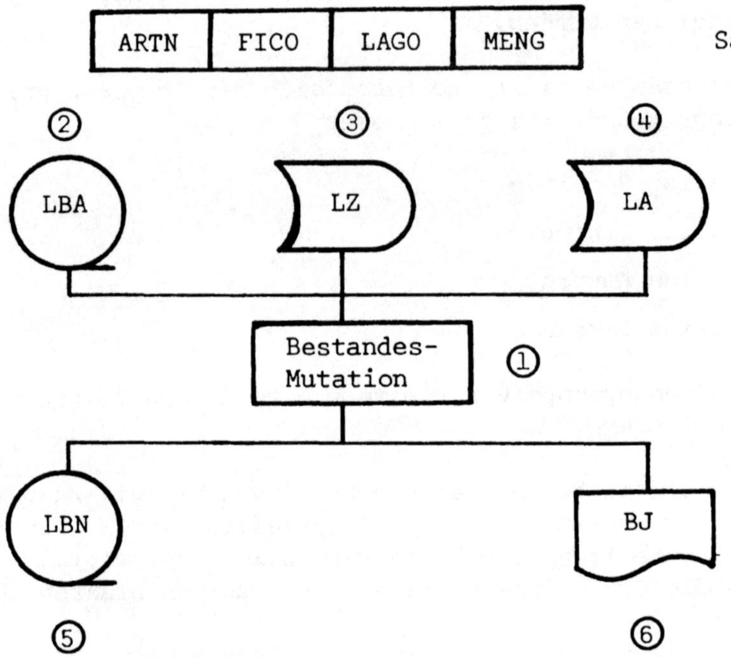

Satzeinteilung für LBA
LZ
LA
LBN

⑦ Aufbau des Bestandesjournals

	ARTIKEL 317	LAGERORT	STUECKZAHL	Kopfzeile ARTN
	FIRMENCODE 7			Kopfzeile FICO
		3	1'000	Fusszeile LAGO
		4	2'000	Fusszeile LAGO
TOTAL	FIRMENCODE 7		3'000	Fusszeile FICO
	FIRMENCODE 8			Kopfzeile FICO
		5	1'100	Fusszeile LAGO
		6	1'800	Fusszeile LAGO
TOTAL	FIRMENCODE 8		2'900	Fusszeile FICO
TOTAL	ARTIKEL 317		5'900	Fusszeile ARTN

Aufgabe:

Erstellen Sie den Programmablaufplan nach den Bestimmungen der "Normierten Programmierung".
Die Lösung finden Sie auf der folgenden Seite.

4.3. ANWENDUNGSBEISPIEL ET-PAAREN ET-GRUPPEN

Um das Zusammenspiel der ET-PAAREN und ET-GRUPPEN besser verstehen zu können, wollen wir gemeinsam die folgende Aufgabe lösen:

Im Programm ① soll der Lagerbestand mutiert werden. Als Eingabedaten stehen uns die folgenden Dateien zur Verfügung:

② Lagerbestand alt
Sortiert nach Artikelnummer, Firmencode und Lagerort. Pro Artikel und Lagerort steht auf dem Band ein Satz mit dem alten Lagerbestand.

③ Bewegungen Zugänge
Sortiert nach Artikelnummer, Firmencode und Lagerort. Pro Artikel und Lagerort kann eine beliebige Anzahl von Zugangssätzen auftreten.

④ Bewegungen Abgänge
Sortiert nach Artikelnummer, Firmencode und Lagerort. Pro Artikel und Lagerort kann eine beliebige Anzahl von Zugangssätzen auftreten.

Wir müssen bei der Verarbeitung die folgenden Dateien erstellen:

⑤ Lagerbestand neu
Pro Artikel und Lagerort muss auf dem Band ein Satz mit dem neuen Lagerbestand stehen.

⑥ Bestandesjournal
Pro Artikel und Lagerort muss eine Zeile mit dem neuen Bestand erstellt werden. Pro Artikel und Firmencode muss ein Total der eingelagerten Artikel erstellt werden ⑦.

NOTIZEN

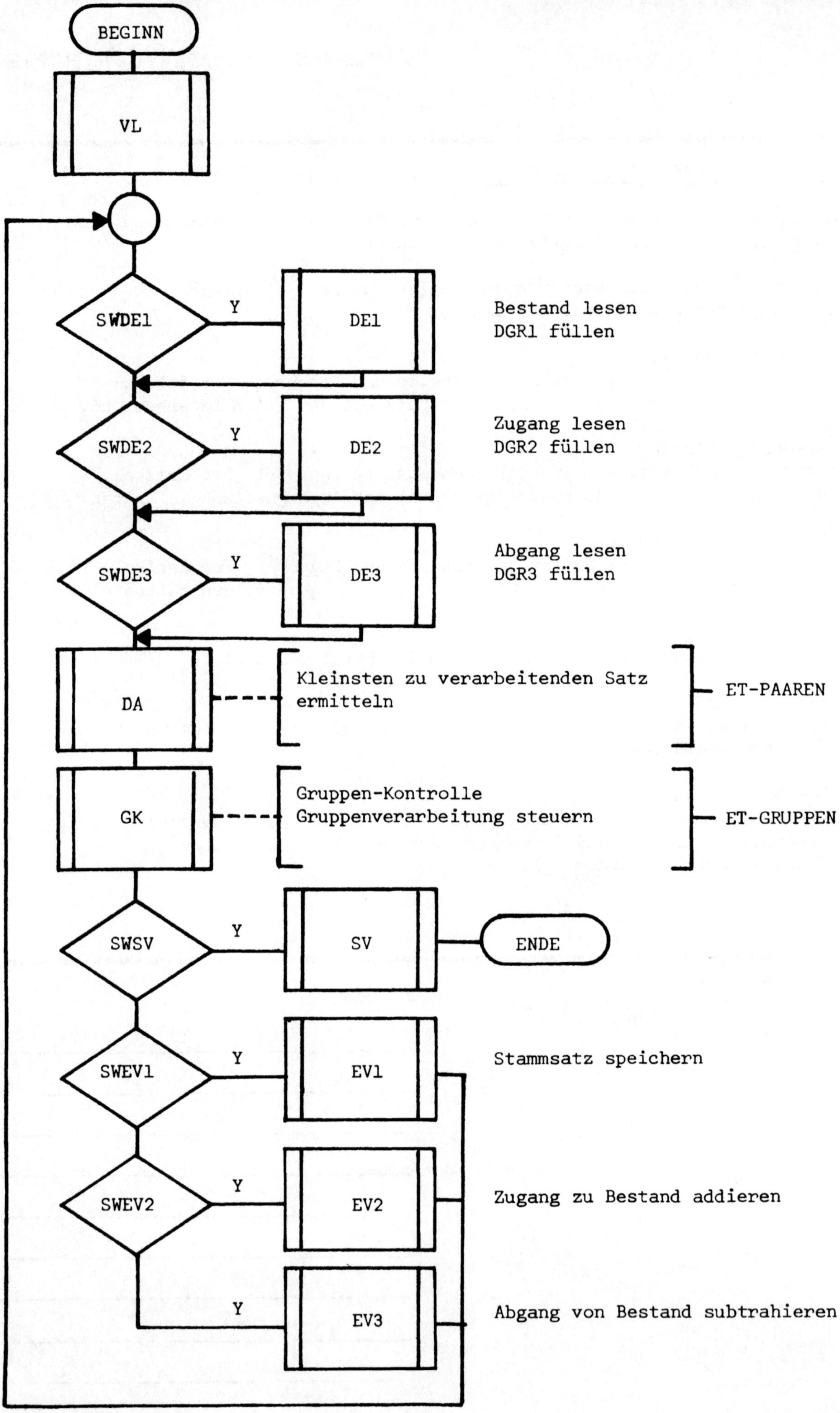

Aufgabe:

Erstellen Sie die ET-PAAREN und die ET-GRUPPEN für unser Programmbeispiel. Die Lösung finden Sie auf der folgenden Seite.

Ihre Lösung wird sehr wahrscheinlich aus zwei Gründen von unserer Lösung abweichen:

- Die Prioritätsreihenfolge Stamm-Zugang-Abgang ist logisch vernünftig aber nicht zwingend. Jede andere Prioritätswahl kann auch zu einer richtigen Lösung der Aufgabe führen.

- Wir wollen die Gruppenkontrolle vollumfänglich mit Hilfe der ET-GRUPPEN steuern. Möglicherweise haben Sie die Gruppenkontrolle in der Form eingeplant, die Sie bei der normierten Programmierung kennengelernt haben. Kontrollieren Sie in diesem Falle, ob bei Ihnen die Kopfzeilen richtig verarbeitet werden. (Erstellen Sie eine Simulationstabelle).

Bevor wir die ET-PAAREN und die ET-GRUPPEN für unser Musterprogramm erstellen können, müssen wir uns über den Aufbau der Vergleichsspeicher einigen.

Vergleichsspeicher der Dateien LBA, LZ, LA

LBA : X = 1

LZ : X = 2

LA : X = 3

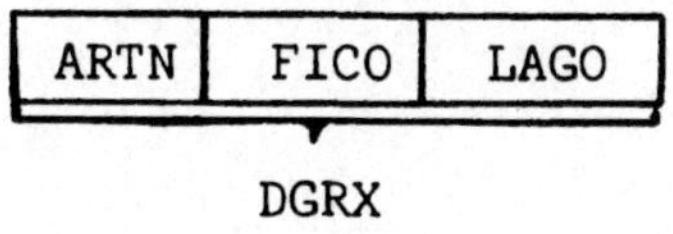

Gruppenvergleichsspeicher neu und alt

neu : X = N

alt : X = A

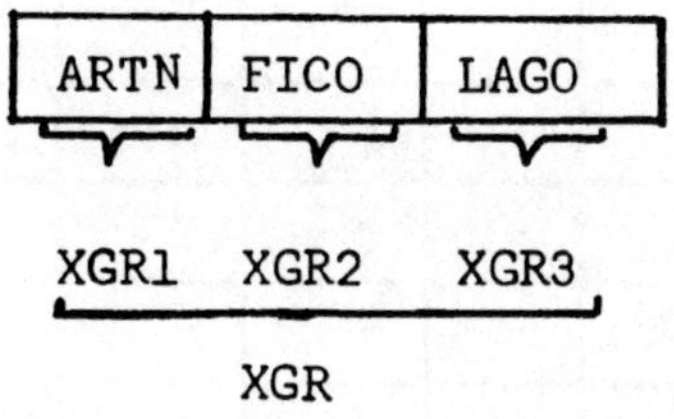

NOTIZEN

①

ET-PAAREN		E	R1	R2	R3	R4
B1	DGR1 > DGR2	-	N	Y	Y	N
B2	DGR1 > DGR3	-	N	-	-	Y
B3	DGR2 > DGR3	-	N	N	Y	-
A1	alle SWDE und SWEV löschen	-	X	X	X	X
A2	SWDE1 und SWEV setzen DGR1 → NGR	-	X	-	-	-
A3	SWDE2 und SWEV2 setzen DGR2 → NGR	-	-	X	-	-
A4	SWDE3 und SWEV3 setzen DGR3 → NGR	-	-	-	X	X

②

ET-GRUPPEN		E	R1	R2	R3	R4	R5	R6
B1	AGR = High-Value	-	Y	N	N	N	N	N
B2	NGR = High-Value	-	-	Y	N	N	N	N
B3	NGR1 ≠ AGR1	-	-	-	Y	N	N	N
B4	NGR2 ≠ AGR2	-	-	-	-	Y	N	N
B5	NGR3 ≠ AGR3	-	-	-	-	-	Y	N
A1	Gruppenfussroutine Stufe 3 Total Lagerort, Stamm neu erstellen	-	-	X	X	X	X	-
A2	Gruppenfussroutine Stufe 2 Total Firmencode erstellen	-	-	X	X	X	-	-
A3	Gruppenfussroutine Stufe 1 Total Artikel erstellen	-	-	X	X	-	-	-
A4	NGR → AGR	-	X	-	X	X	X	X
A5	Gruppenkopfroutine Stufe 1 Titel Artikel erstellen	-	X	-	X	X	X	-
A6	Gruppenkopfroutine Stufe 2 Titel Firmencode erstellen	-	X	-	X	X	-	-
A7	SWSV (Verarbeitungsende) setzen	-	-	X	-	-	-	-

ET-PAAREN ①

Sie steuert die Verarbeitung und das Nachlesen der einzelnen Dateien im normierten Programmablauf mit Hilfe der Weichen SWDE und SWEV, die in den Aktionen A1 - A4 gesetzt werden. Der kleinste zu verarbeitende Satz wird aufgrund des Inhaltes der Vergleichsspeicher DGR1, DGR2 und DGR3 ermittelt. Die Vergleichsspeicher wurden in den Leseroutinen DE1, DE2 oder DE3 unmittelbar nach dem Einlesen eines neuen Satzes mit den neuen Referenzbegriffen gefüllt.

Für die Gruppenkontrolle müssen wir den Referenzbegriff des kleinsten ermittelten Satzes kennen. Wir speichern daher in den Aktionsblöcken A2 - A4 den Referenzbegriff des höchsten zu verarbeitenden Satzes im Gruppenvergleichsspeicher neu NGR.

ET-GRUPPEN ②

Sie steuert die Gruppenkopf- und Gruppenfussverarbeitungen. Beim ersten Durchgang (AGR = High-Value) müssen die Zwischengruppenverarbeitung (NGR nach AGR umspeichern), sowie alle Gruppenkopfroutinen angesteuert werden (Regel 1). Wenn während der Verarbeitung der Referenzbegriff wechselt (NGR ≠ AGR), müssen die entsprechenden Gruppenfuss- und Gruppenkopfroutinen angesteuert werden (Regel 3 - 5). Am Ende der Verarbeitung sind alle Gruppenfussroutinen anzusteuern, neue Gruppentitel dürfen jedoch nicht geschrieben werden (Regel 2).

Prüfen Sie bitte den Programmablauf (Blockdiagramm und Steuer-ET) mit Hilfe einer Simulationstabelle. Sie können auf diese Weise Ihr Verständnis für die Normierte Programmierung festigen.

NOTIZEN

4.4 ENTSCHEIDUNGSTABELLEN-VORUEBERSETZER

Was bringt ein ET-Vorübersetzer an Unterstützung? Hier die wichtigsten Vorteile, die ein ET-Vorübersetzer bietet.

- automatische Vollständigkeitskontrolle:
  (Die fehlenden Regeln können auf dem Schnelldrucker gelistet werden.)

- automatische Strukturanalyse:
  Die Struktur der ET (Ausschluss, Redundanz, Kontradiktion, Einschluss und Ueberschneidung) kann auf dem Schnelldrucker gelistet werden.

- automatische Uebersetzung des Programmes:
  Die ET kann maschinell in eine höhere Programmiersprache wie COBOL, PL/1 und FORTRAN übersetzt werden.

- selektive Generierung von hochqualitativen Testhilfenroutinen für die ET-Prüfung im Programm.

ZUSATZINFORMATION

Unter einem ET-Vorübersetzer verstehen wir ein Programmpaket, welches meistens in einer problemorientierten Programmiersprache geschrieben ist.

NOTIZEN

5. Vergleich Blockdiagramm - Entscheidungstabelle

① Blockdiagramm:

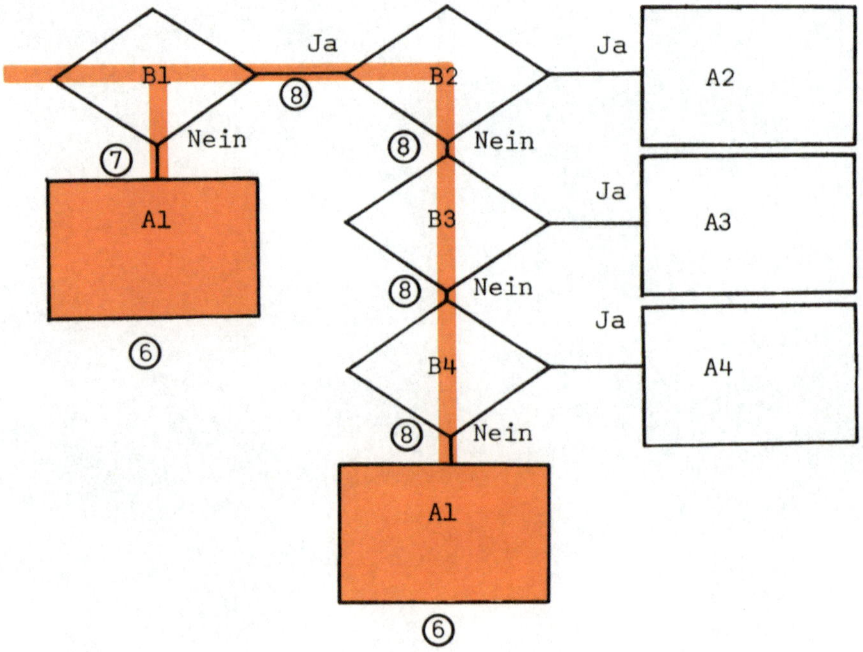

② Entscheidungstabelle:

ET - Vergleich		④ R1	R2	R3	R4	⑤ R5	
B1	Bedingung 1	N	Y	Y	Y	Y	
B2	Bedingung 2	-	Y	N	N	N	
B3	Bedingung 3	-	-	Y	N	N	
B4	Bedingung 4	-	-	-	Y	N	
A1	Aktion 1	X	-	-	-	X	③
A2	Aktion 2	-	X	-	-	-	
A3	Aktion 3	-	-	X	-	-	
A4	Aktion 4	-	-	-	X	-	

5. VERGLEICH BLOCKDIAGRAMM-ENTSCHEIDUNGSTABELLE

Auf der linken Seite finden Sie ein einfaches Beispiel. Zuerst dargestellt in Form eines Blockdiagrammes ①, nachher in Form der Entscheidungstabelle ET-Vergleich ②.

Auf den ersten Blick sieht man keine nennenswerten Vor- und Nachteile für die beiden aufgezeigten Lösungen.

Stellen wir uns nun die Frage: Welche Bedingungen führen zur Aktion 1 ?

Bei der ET-Vergleich ② sehen wir auf den ersten Blick, dass die Aktion 1 ③ zur Durchführung gelangt, wenn die Regeln R1 ④ und R5 ⑤ erfüllt sind. Die Regel R1 ist immer dann erfüllt, wenn die Bedingung 1 nicht erfüllt ist. Die Regel R5 hingegen kommt zum Zuge, wenn die Regel R1 erfüllt ist und gleichzeitig die Regeln R2, R3 und R4 nicht erfüllt sind.

Bei der Darstellung in Form des Blockdiagramms ist nicht sofort ersichtlich, dass die Aktion 1 durch zwei verschiedene Bedingungskonstellationen zur Ausführung kommen kann.

Bei grösseren Blockdiagrammen müssten wir das ganze Diagramm absuchen um feststellen zu können, unter welchen verschiedenen Bedingungen eine bestimmte Aktion ausgeführt werden kann. Dann müssen wir alle bis zur entsprechenden Aktion gestellten Bedingungen notieren. Erst dann haben wir sicher ein richtiges Resultat. Für unser Beispiel ① ist es noch recht einfach. Wir finden die Aktion 1 zweimal ⑥. Das erste Mal gelangt sie zur Ausführung wenn B1 nicht erfüllt ist ⑦, das zweite Mal wenn B4, B3 und B2 nicht erfüllt sind, B1 aber erfüllt ist ⑧.

NOTIZEN

6. Vorteile und Nachteile der ET

6. VORTEILE UND NACHTEILE DER ET

6.1. VORTEILE

- Die ET kann als Hilfsmittel für die Programmierung und auch für die Analyse komplexer Verarbeitungsprobleme eingesetzt werden.
- Verminderung der Verständigungsschwierigkeiten zwischen Programmierung, Organisation und Fachstelle
- Das Programmieren (codieren) komplexer Probleme wir bedeutend einfacher.
- Die Verwendung von ET verlangt einen standardisierten Programmaufbau.
- Der Aenderungsdienst an bestehenden Programmen ist bedeutend einfacher, weniger zeitraubend und fehleranfällig.
- Die ET dokumentiert sich selbst. Die verbale Programmbeschreibung kann bedeutend kürzer gehalten werden.
- Die Ueberwachung des Arbeitsfortschritts in der Analyse und in der Programmerstellung wird bedeutend einfacher.
- Geringere Fehlerquoten in der Programmerstellung.
- Bessere Möglichkeiten für das Testen der Programme, vor allem beim Einsatz eines ET-Vorübersetzers.

NOTIZEN

6.2 NACHTEILE

- Es können nicht alle Probleme in Entscheidungstabellenform gebracht werden.
- Die Instruktion für den Einsatz von ET bedingt einen Kostenaufwand.
- ET können nur optimal angewendet werden, wenn ein Vorübersetzer eingesetzt werden kann.
- Die Anschaffung eines Vorübersetzers ist mit zusätzlichen Kosten verbunden.
- Programme welche mit Hilfe eines Vorübersetzers erstellt werden, benötigen mehr Laufzeit oder Speicherbedarf als ein optimal ausgelegtes Programm ohne ET-Vorübersetzer.

NOTIZEN

7. Uebungen

7. UEBUNGEN

Lösen Sie zum Schluss die zwei nachstehenden Aufgaben.

Die richtigen Lösungen finden Sie im Anschluss an die beiden Aufgabenstellungen.

Aufgabe 1

Erstellen Sie eine ET, mit der die folgenden zehn Ziffern einwandfrei identifiziert werden können.

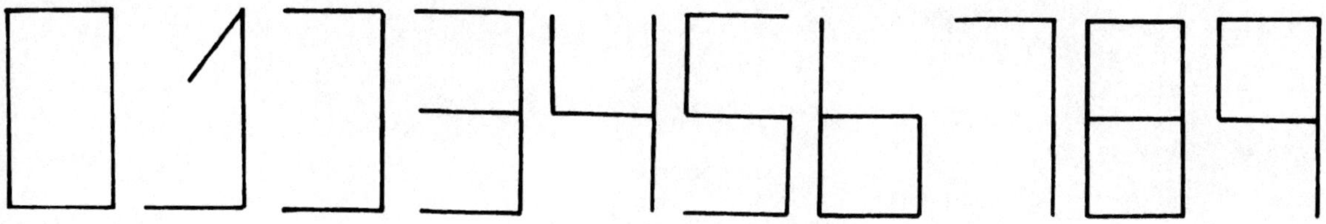

NOTIZEN

Aufgabe 2

Erstellen Sie eine Entscheidungstabelle, welche den Anforderungen der folgenden Arbeitsbeschreibung entspricht.

Arbeitsbeschreibung:

Wenn die bestellte Menge die "Normale Bestellmenge" für den Artikel nicht überschreitet, und wenn die Bestellung im Rahmen der Kreditlimite bleibt, ist der Wert in das Feld "Gelieferte Menge in Franken" zu übertragen. Anschliessend ist die Menge auf der Versandliste einzutragen. Natürlich nur unter der Voraussetzung, dass genügend Ware am Lager ist.

Wenn die bestellte Menge die "Normale Bestellung" überschreitet, ist zur Tabelle "ET-Nicht fakturieren" zu verzweigen. Dasselbe gilt bei Ueberschreitungen der Kreditlimite.

In seltenen Fällen kann es vorkommen, dass nicht genügend Ware am Lager verfügbar ist. Wenn in solchen Fällen weder die "Kreditlimite" noch die "Normale Bestellmenge" überschritten wurde, ist zur Tabelle "ET-Rückstandsmeldung" zu verzweigen.

NOTIZEN

Lösung zu Aufgabe 1

Zifferntabelle		E	R1	R2	R3	R4	R5	R6	R7	R8	R9	R10
B1	Linie vertikal links durchgehend?	-	Y	N	N	N	N	N	Y	N	Y	N
B2	Linie vertikal rechts durchgehend?	-	Y	Y	Y	Y	Y	N	N	Y	Y	Y
B3	Linie horizontal oben durchgehend?	-	Y	N	Y	Y	N	Y	N	Y	Y	Y
B4	Linie horizontal mitte durchgehend?	-	N	N	N	Y	Y	Y	Y	N	Y	Y
B5	Linie horizontal unten durchgehend?	-	Y	Y	Y	Y	N	Y	Y	N	Y	N
A1	Uebertrage Ziffer 0	-	Y	-	-	-	-	-	-	-	-	-
A2	Uebertrage Ziffer 1	-	-	X	-	-	-	-	-	-	-	-
A3	Uebertrage Ziffer 2	-	-	-	X	-	-	-	-	-	-	-
A4	Uebertrage Ziffer 3	-	-	-	-	X	-	-	-	-	-	-
A5	Uebertrage Ziffer 4	-	-	-	-	-	X	-	-	-	-	-
A6	Uebertrage Ziffer 5	-	-	-	-	-	-	X	-	-	-	-
A7	Uebertrage Ziffer 6	-	-	-	-	-	-	-	X	-	-	-
A8	Uebertrage Ziffer 7	-	-	-	-	-	-	-	-	X	-	-
A9	Uebertrage Ziffer 8	-	-	-	-	-	-	-	-	-	X	-
A10	Uebertrage Ziffer 9	-	-	-	-	-	-	-	-	-	-	X
A11	Fehlermeldung 1 und Programmabbruch	X	-	-	-	-	-	-	-	-	-	-

Fehlermeldung 1: Ziffer nicht identifizierbar.

Lösung zu Aufgabe 2

ET-Bestellen		E	R1	R2	R3	R4
B1	Bestellte Menge ≤ normale Bestellmenge	-	Y	Y	N	-
B2	Bestellung ≤ Kreditlimite	-	Y	Y	-	N
B3	Bestellung ≤ Lagermenge	-	Y	N	-	-
A1	Bestellung → "gelieferte Menge in Fr."	-	X	-	-	-
A2	Bestellte Menge → Versandliste	-	X	-	-	-
A3	Gehe in die Tabelle "Nicht fakturieren"	-	-	-	X	X
A4	Gehe in die Tabelle "Rückstandsmeldung"	-	-	X	-	-
A5	Fehlermeldung, Programmabbruch	X	-	-	-	-

8. Antworten und Lösungen

ANTWORTEN UND LOESUNGEN

SEITE	FRAGE	SCHLUESSEL/LOESUNG
150	1.	C
	2.	D
	3.	B
152	1.	B und C
	2.	A
154	1.	B
	2.	A oder A und B, B allein ist nicht richtig
158	1.	D
	2.	A
160	1.	C
	2.	C
162	1.	

ET-Frage-1		E	R1	R2	R3	R4
B1	1. Klasse ?	-	Y	N	N	Y
B2	2. Klasse ?	-	-	Y	Y	-
B3	Raucherabteil?	-	Y	Y	N	N
A1	Raucher 1. Klasse	-	X	-	-	-
A2	Raucher 2. Klasse	-	-	X	-	-
A3	Nichtraucher 1. Kl.	-	-	-	-	X
A4	Nichtraucher 2. Kl.	-	-	-	X	-
A5	Fehlermeldung	X	-	-	-	

SEITE	FRAGE	SCHLUESSEL/LOESUNG
162	2.	

ET-Frage-2		E	R1	R2	R3	R4	R5	R6	R7	R8
B1	1. Klasse?	-	Y	Y	Y	Y	N	N	N	N
B2	2. Klasse?	-	Y	Y	N	N	Y	Y	N	N
B3	Raucherabteil?	-	Y	N	Y	N	Y	N	Y	N
A1	Raucher 1. Klasse	-	-	-	X	-	-	-	-	-
A2	Raucher 2. Klasse	-	-	-	-	-	X	-	-	-
A3	Nichtraucher 1. Kl.	-	-	-	-	X	-	-	-	-
A4	Nichtraucher 2. Kl.	-	-	-	-	-	-	X	-	-
A5	Fehlermeldung	X	X	X	-	-	-		X	X

Die Regeln R1, R2, R7 und R8 können auch in komplexer Form dargestellt werden.

SEITE	FRAGE	SCHLUESSEL/LOESUNG
170	1.	C
	2.	C
172	1.	A
174	1.	A
	2.	C
176	1.	B
	2.	D
	3.	A
	4.	C

SEITE	FRAGE	SCHLUESSEL/LOESUNG
180	1.	C
	2.	C
	3.	A
190		Lösungsweg 3

Ferientabelle 3		E	R1	R2	R3	R4	R5	R6	R7	R8	R9	R10	R11	R12	R13	R14	R15	R16
B1	Dienstjahre ≥ 10	-	N	Y	Y	N	Y	Y	Y	Y	N	Y	Y	Y	Y	Y	Y	N
B2	Dienstjahre ≥ 15	-	-	N	N	-	Y	Y	Y	N	-	Y	Y	Y	Y	Y	N	-
B3	Dienstjahre > 20	-	-	-	-		N	N	N	-	-	Y	Y	Y	Y	N	-	-
B4	Alter ≥ 40	-	N	N	Y	Y	N	Y	Y	Y	Y	N	Y	Y	Y	Y	Y	Y
B5	Alter ≥ 50	-	-	-	N	N	-	N	Y	Y	Y	-	N	Y	Y	Y	Y	Y
B6	Alter > 55	-	-	-	-	-	-	-	N	N	N	-	-	N	Y	Y	Y	Y
A1	15 Ferientage	-	X	-	-	-	-	-	-	-	-	-	-	-	-	-	-	-
A2	18 Ferientage	-	-	X	X	X	-	-	-	-	-	-	-	-	-	-	-	-
A3	20 Ferientage	-	-	-	-	-	X	X	X	X	X	-	-	-	-	-	-	-
A4	25 Ferientage	-	-	-	-	-	-	-	-	-	-	X	X	X	X	X	X	X
A5	Fehlermeldung, Programmabbruch	X	-	-	-	-	-	-	-	-	-	-	-	-	-	-	-	-

SEITE	FRAGE	SCHLUESSEL/LOESUNG
192	1.	Lösungsweg 4

Ferientabelle 4		E	R1	R2	R3	R4	R5	R6	R7	R8
B1	Dienstjahre ≥ 10	-	Y	Y	Y	N	-	-	-	-
B2	Dienstjahre ≥ 15	-	Y	Y	N	-	-	-	-	-
B3	Dienstjahre > 20	-	Y	N	-	-	-	-	-	-
B4	Alter ≥ 40	-	-	-	-	-	Y	Y	Y	N
B5	Alter ≥ 50	-	-	-	-	-	Y	Y	N	-
B6	Alter > 55	-	-	-	-	-	Y	N	-	-
A1	15 Tage Ferien	-	-	-	-	X	-	-	-	X
A2	18 Tage Ferien	-	-	-	X	-	-	-	X	-
A3	20 Tage Ferien	-	-	X	-	-	-	X	-	-
A4	25 Tage Ferien	-	X	-	-	-	X	-	-	-
A5	Fehlermeldung, Programmabbruch	X	-	-	-	-	-	-	-	-

SEITE	FRAGE	SCHLUESSEL/LOESUNG
192	2.	A
196	1.	A
	2.	C
	3.	A

FSC
www.fsc.org
MIX
Papier | Fördert gute Waldnutzung
FSC® C083411

Kolibri 360 GmbH
Ferdinand-Jühlke-Straße 7
99095 Erfurt, Deutschland
produktsicherheit@kolibri360.de